Wilhelm Engelbert Giefers

**Der Dom zu Paderborn**

Vortrag, gehalten im wissenschaftlichen Vereine zu Paderborn

Wilhelm Engelbert Giefers

**Der Dom zu Paderborn**
*Vortrag, gehalten im wissenschaftlichen Vereine zu Paderborn*

ISBN/EAN: 9783743425569

Hergestellt in Europa, USA, Kanada, Australien, Japan

Cover: Foto ©Andreas Hilbeck / pixelio.de

Manufactured and distributed by brebook publishing software
(www.brebook.com)

Wilhelm Engelbert Giefers

**Der Dom zu Paderborn**

Der

# Dom zu Paderborn.

Vortrag,

gehalten im wissenschaftlichen Vereine zu Paderborn

von

Dr. Wilhelm Engelbert Giefers.

Soest, 1860.

Seit dem denkwürdigen Tage, an welchem Friedrich Wilhelm IV. vor achtzehn Jahren [1] unter dem begeisterten Zurufe Deutschlands den Grundstein zum Fortbaue des Cölner Domes legte, entströmte diesem Riesenbaue, dem großartigsten Denkmale der deutschen Kunst, gleichsam ein neuer Lebensstrom für die Baukunst sowie für die Künste überhaupt, und verbreitete sich weit und breit durch alle deutschen Gaue. Ueberall erwachte der Sinn für die im Geiste des Christenthums geschaffenen Werke unsrer Väter und was früher dem Verfalle und der Zerstörung preisgegeben war, das wurde, wo möglich, erhalten und geschützt; und was unbeachtet und verachtet bisher dagelegen hatte, das wurde von da an aufgesucht, betrachtet und erforscht. Ueberall fing man an, die erhabenen Baudenkmäler und Kunstschöpfungen des Mittelalters, die lange Zeit den Schöpfungen des heidnischen Alterthums nachgesetzt und deshalb in Verfall gerathen oder durch stilwidrige Zuthaten entstellt waren, einer nähern Erforschung zu unterziehen und sich nach Mitteln umzusehen, um sie zu erhalten und in ihrer ursprünglichen Form wiederherzustellen. Und sowie ganz Deutschland freigebig beisteuerte zum Fortbaue des wundersamen Domes von Cöln, so bildeten sich auch in den verschiedensten Gegenden desselben Vereine, um auch die übrigen deutschen Dome vor allmäligem Verfalle zu schützen und von den geschmacklosen Anhängseln der spätern Zeit zu befreien. Daher wird dann schon seit einer Reihe von Jahren rüstig gebauet

---

1) Am 4. September 1842.

am Dome zu Aachen und Speier, am Dome zu Münster und
Erfurt, am Dome zu Mainz und Wien, am Dome zu Ulm
und Regensburg, und kaum gibt es einen Dom oder ein ande=
res hervorragendes Baudenkmal im deutschen Vaterlande, [1]
zu dessen gründlicher Wiederherstellung nicht schon längst
Vorkehrungen getroffen wären. Endlich scheint die Zeit ge=
kommen zu sein, wo auch die Restauration des Domes von
Paderborn, an welchem bisher aus Mangel an Mitteln nur
Geringes hat geschehen können, ernstlich in Angriff genommen
werden soll. Es wurde nämlich unlängst vom leitenden Aus=
schusse des Paderborner Diöcesan=Kunstvereins folgender Auf=
ruf erlassen:

„Der Dom zu Paderborn zählt zu den bedeutendsten Wer=
ken, welche die mittelalterliche kirchliche Baukunst geschaffen
hat. In seinen großartigen Dimensionen, in seinen einfach
kräftigen und würdig edlen Formen, die in den Pfeilern, Wöl=
bungen und Fenstern sich ausprägen, ist er ein Zeugniß einer
gläubigen, kunstreichen und opferwilligen Vorzeit, die dem Herrn
ein Haus bauete, in welches die späteren Geschlechter eintreten
sollten zu seiner Anbetung und Verherrlichung, zu eigener
Erleuchtung und Begnadigung.

Nachdem die zuletzt abgelaufenen Jahrhunderte, hier wie
anderwärts des Verständnisses und der Würdigung des herr=
lichen Baues ermangelnd, theils versäumten, die erhaltende
Hand rechtzeitig anzulegen, theils sich darin gefielen, im grel=
len Widerspruche mit den überlieferten ehrwürdigen Formen
abweichend Neues herzustellen; ist jetzt die Zeit an uns her=
angetreten, wo der Dom zunächst zu seiner Erhaltung, dann
zu seiner stylgerechten Verschönerung, eine durchgreifende Restau=
ration in mehreren seiner wichtigsten Theile dringend verlangt.

---

1) Namentlich zeichnet sich die Diöcese Münster durch große Bau=
thätigkeit aus, wo der Hochwürdigste Herr Bischof Johann Georg,
ein ebenso großer Kenner, als Beförderer der christlichen Kunst, überall
zur Restauration der Kirchen Anregung und Anleitung gibt.

Aus Vielem sei nur Einzelnes hier hervorgehoben:

Fast sämmtliche Strebepfeiler, besonders jene des nördlichen Kreuzschiffes, aus einem theilweise wenig haltbaren Material aufgeführt, bedürfen der Erneuerung, und statt der dürftigen, wenig ansprechenden Deckung eines ihnen entsprechenden form= gerechten Schlusses.

Dasselbe gilt von sämmtlichen Giebeln, die durch viele Abbröckelung des Gesteines und durch Risse schadhaft gewor= den sind.

Das nördliche Kreuzschiff, der sogenannte Hasenkamp, aus= geführt in gothischer Form und durch seine zierlichen Halb= säulen, Wölbungen und Gewölbe=Rippen der technisch anspre= chendste Theil des innern Baues, zeigt mehrfache Spalten und bedarf vielleicht, da das Strebesystem ungenügend ist, einer vollständigen Gewölbe=Erneuerung.

Im genannten Raume steht ein ehrwürdiges Sculptur= werk des 15. Jahrhunderts, der Marien=Altar. Ausgeführt im Style der spätgothischen Zeit zieht er die Aufmerksamkeit jedes Kunstkenners auf sich und hat bereits in manchen kunst= geschichtlichen Werken ehrende Erwähnung und Abbildung ge= funden. Er ist indeß dem Ruine nahe und erhebt in seiner Stellung sowohl, als in seinen verstümmelten Theilen eine fortwährende Anklage über die ihm widerfahrene Unbilde und Versäumniß.

Die Krypta, der älteste Theil des Baues, in ihrem jetzigen Zustande unbrauchbar, harret der Erneuerung in Fußboden, Gewölbefeldern, Wänden und Altar, um, wie häufig bei größe= ren Tempeln, ein gesuchter abgetrennter Ort für stillere An= dacht zu werden.

Und sollen wir vom Thurme reden? Seine Westseite ist arg verwittert, seine moderne Dachspitze, wie bekannt, höchstens ein Denkmal für den Ungeschmack der Zeit, die sie gebaut hat.

Die würdige Herstellung des Doms erfordert bedeutende und nachhaltige Mittel. Was der Domkirchenfond jährlich zu verwenden vermag, steht dazu in einem so ungünstigen Ver=

sichert ist, und der schöne Bau, auf sie allein beschränkt, schon in nächster Zukunft tiefer greifenden Mängeln ausgesetzt, dem sichern Verfalle entgegen gehen würde.

Der Diöcesan-Kunstverein, auf dem Gebiete der christlichen Kunst bisher in bescheidenen Grenzen, die er sich ziehen mußte, wie er hoffen darf, nicht ohne Anerkennung wirkend, sieht in der Erhaltung und nothwendigen Herstellung unserer Kathedralkirche ein Werk, an welchem mitzuarbeiten, für ihn ebenso ehrenvoll als freudebringend sein würde. Er will zu diesem Zwecke unter dem Protectorate Sr. Bischöflichen Gnaden unsers Hochw. Herrn Bischofs Dr. Konrad Martin nach den beiliegenden Statuten einen Paderborner Dombau-Verein gründen, und ladet hiermit Alle nah und fern, denen die Förderung dieses Werkes theuer ist, freundlichst ein, in denselben einzutreten.

Unser Ziel ist ein edles und heiliges.

Es richtet sich zunächst auf die Förderung der Verherrlichung Gottes, insofern irdische Formen und das Werk schwacher Menschenhände sie in Demuth zu fördern vermögen.

Es richtet sich auf die Förderung christlicher Kunst, die, was innerlich Geist und Herz bewegt, in den äußern Erscheinungen ausprägen will.

Es richtet sich auf die Förderung frommer Andacht und Erbauung, die durch dasselbe Werk, was sie schaffet, wie sie gibt, so auch wieder reichlich empfängt.

Unser Ziel umfasset einen der frommen Vorzeit schuldigen Dank, die uns ein Denkmal überlieferte im Vertrauen, daß es des erhaltenden Schutzes und treuer Obhut nicht entbehren werde.

Es umfasset ein theueres Vermächtniß für unsere Nachkommen, denen wir, wie den heiligen Glauben, so auch seine Denkmale zu überliefern berufen sind.

Wir glauben die zuversichtliche Erwartung ausdrücken zu dürfen, daß zahlreiche Mitglieder, nahe und ferne, dem Vereine beitreten werden.

Der Dom ist das vorzüglichste Baudenkmal der Stadt

Paderborn; ihre Bürger werden, wir zweifeln nicht daran, zur Erhaltung und Verschönerung desselben freudig mitwirken.

Er ist der Tempel, in dem, mit sehr wenigen Ausnahmen, sämmtliche Priester des Bisthums die h. Weihen empfingen; die Erinnerung an die heiligsten Augenblicke des Lebens wird auch liebend der Stelle sich zuwenden, an die solche Erinnerung sich knüpfet.

Er ist der Tempel, in dessen Räumen zahlreiche Angehörige der edlen Geschlechter Westfalens einst das Lob des Herrn anstimmten und demnächst ihre Ruhestätte fanden; — eingedenk dessen werden die späteren Angehörigen derselben Familien unsern Bestrebungen fördernd zur Seite stehen.

Er ist der Tempel, der als Kathedrale, Mutterkirche und Eigenthum sämmtlicher Gläubigen des Bisthums ist; der alljährlich, besonders an den festlichen Tagen des Diöcesan-Patrons, ein Zeugniß dieser hervorragenden Bedeutung von den zahllosen Schaaren empfängt, die bittend, preisend und begnadigt in ihm sich sammeln; — Allen, ob hoch oder niedrig gestellt, wird die Erhaltung und Verherrlichung des Hauses des Herrn eine Herzenssache werden.

In solcher Erwartung beginnen wir demnach dies wichtige Werk und laden die Freunde und Gönner desselben zu der am 16. Oktober d. J. in der Aula des hiesigen Gymnasiums, Morgens ½11 Uhr, stattfindenden Versammlung ein, worin der Verein gegründet und der Vorstand desselben gewählt werden wird.

Gott, dessen Beistand wir bei dem vor der Versammlung im Dome abzuhaltenden Hochamte anflehen werden, segne gnädig unser Unternehmen."

In Folge dieses Aufrufes hat sich am 16. Okt. ein Dombau-Verein hierselbst gebildet, um zu einer durchgreifenden Restauration unsres altehrwürdigen Domes, deren er so sehr bedarf, wenigstens einen Theil der nöthigen Geldmittel zu beschaffen, woran es ihm, wie kaum einer andern Cathedrale Deutschlands, mangelt. [1]) Deshalb scheint es mir zeitgemäß,

---

1) Sicherem Vernehmen nach beträgt die feste jährliche Einnahme

die wenigen Nachrichten, welche sich über die allmälige Ent=
stehung unseres Domes erhalten haben, nebst einigen der histori=
schen Erinnerungen, welche sich an denselben knüpfen, hier vorzu=
legen, sowie auf die Kunstgegenstände und Sehenswürdigkeiten,
welche derselbe enthält, kurz hinzuweisen.

(Dem von verschiedenen Seiten geäußerten Wunsche, daß
ich diesen Vortrag drucken lassen möge, entspreche ich um so
lieber, da ich vielleicht hoffen darf, dadurch das Interesse für
unsere altehrwürdige Cathedrale in weitern Kreisen zu erre=
gen und zu beleben. Obgleich ich Mehreres hinzugesetzt habe,
so ist dies Schriftchen doch weniger für Kunstkenner und Sach=
verständige, denen ohne Zeichnungen schwerlich Genüge zu lei=
sten ist, als vielmehr für das größere Publikum bestimmt, und
ich darf also von jenen wohl eine billige Beurtheilung erwarten.)

## §. 1.

Der Dom von Paderborn gehört zu den ältesten, größten
und interessantesten Baudenkmälern nicht allein im Lande der
rothen Erde, sondern auch im ganzen nördlichen Deutschland.
Seine Länge beträgt nämlich 350 Fuß,[1] sein Flächen=Inhalt
26,000 Quadratfuß und seine Geschichte beginnt mit der Zeit,
wo das erste Samenkorn christlicher Sitte und Bildung in die=
ser Gegend ausgestreut wurde; denn der glorreiche Kaiser Carl
der Große, welcher in den Tagen grauer Vorzeit den christli=
chen Glaubensboten den Weg in diese Gegend mit dem Schwerte
bahnte, legte auch den ersten Stein zu unserm Dome.

Damals bewohnte nämlich die Gaue des Paderborner Lan=
des sowie das ganze nordwestliche Deutschland das wilde Volk
der Sachsen, welches noch dem Heidenthume ergeben war und
jeden Bekehrungsversuch vereitelte, ja mit desto größerer Feind=

---

gegen 40 Thlr. und die Cathedralsteuer ist auf 900 Thlr. veran=
schlagt. Wie gering ist nicht diese Einnahme im Verhältniß der
Größe des Domes und seiner Bedürfnisse!

1) Das Hauptschiff ist 28 Fuß breit, das südliche Seitenschiff
17½, und das nördliche 15 Fuß.

seligkeit gegen die benachbarten Völker auftrat, die schon dem Christenthume ergeben waren, und namentlich gegen die Franken, welche am Rheine und im heutigen Frankreich wohnten.

Da beschloß Carl der Große, der Beherrscher der Franken, die Sachsen zu unterwerfen und sie dem Christenthume zuzuführen. Im Jahre 772 rückte er mit einem gewaltigen Heere heran, eroberte die Eresburg an der Diemel, die Hauptfestung der Sachsen, welche oben auf der steilen Bergspitze stand, wo das heutige Ober=Marsberg liegt, und zerstörte sodann die Irmensäule, das Nationalheiligthum der Sachsen, welche auf dem Rücken des Osninggebirges zu suchen ist, wo auf einer baumgekrönten Höhe, die stolz in das freundliche Thal von Willbadessen hinabschauet und noch im Munde des Volkes den Namen Carlsschanze führt, der Wall des Lagers, welches Carl der Große damals aufschlug, bis auf den heutigen Tag sich erhalten hat. ¹)

Nach der Zerstörung der Irmensäule und des sie umgebenden heiligen Waldes rückte Carl bis zur Weser vor, wo ihm die Sachsen versprachen, der Einführung des Christenthums keine Hindernisse in den Weg legen zu wollen, und zum Unterpfande zwölf Geiseln stellten. Mit diesen trat er dann seinen Rückzug zum Rheine hin an. In der Eresburg aber ließ er eine Besatzung zurück, unter deren Schutze eine Anzahl von fränkischen Priestern den Sachsen das Evangelium verkündigte. ²)

Im folgenden Jahre unternahm Carl der Große einen Zug nach Italien. Kaum war die Kunde davon zu den Sachsen gekommen, als sich das ganze Volk plötzlich zum gemeinsamen Kampfe für seine alte Religion und Selbstständigkeit

---

1) Ausführlicher ist das nachgewiesen in meiner Schrift: Zur Geschichte der Burg Iburg und Stadt Driburg. Paderb. 1860. S. 6. ff.

2) Aegilis vita s. Sturmi apud Pertz. Mon. Germ. hist. II. p. 376. Rex Carolus in Saxoniam profectus est, assumtis universis sacerdotibus... ut gentem (Saxonum) doctrinis sacris mite et suave Christi iugum credendo subire facerent.

erhob: die Eresburg wird im Sturm genommnen und zerstört, die Besatzung mit den Priestern theils ermordet, theils verjagt, das schon für das Christenthume gewonnene Hessenland mit Feuer und Schwert verwüstet und die Zerstörung bis fast zum Rheine hin ausgedehnt. Da rücken vier fränkische Heere heran und durchziehen siegreich das Sachsenland. Im folgenden Jahre (775) erscheint der König selbst mit einem Heere dort und bringt bis zur Ocker im Braunschweigischen vor. Die vornehmsten Sachsen unterwerfen sich mit ihren Völkern, geloben Annahme des Christenthums und stellen Geiseln. Aber kaum hören sie, daß der Frankenkönig ihr Land verlassen habe, da erheben sie sich von neuem. Herzog Wibukint, ein zweiter Arminius, steht an der Spitze der sächsischen Heerschaaren. Zuerst führt er sie gegen die wiederhergestellte Eresburg, und nachdem diese erobert ist, gegen die Sigburg (Hohensiburg an der Lenne). Aber die Besatzung treibt sie zurück. Dann rückt Carl selbst heran (im J. 776). An den Quellen der Lippe schlägt er sein Lager auf. Dorthin kommen die mit Schrecken erfüllten Sachsen in großer Anzahl mit Weib und Kind und flehen den erzürnten König um Gnade und Schonung an. Gerührt von dem Flehen des scheinbar reumüthigen Volkes verspricht ihnen Carl Verzeihung, wenn sie Treue geloben und das Christenthum annehmen wollen. Und eine unzählbare Volksmenge läßt sich an den Lippequellen taufen. [1)]

Durch diese vier Züge Carl's waren die Sachsen dahin gebracht, daß er im Jahre 777 mitten in ihrem Lande, nämlich zu Paderborn, einen Reichstag abhalten konnte. Die Sachsen erschienen in großer Anzahl, nur Wibukint kam nicht; er war zum Dänenkönige entflohen. Die anwesenden Sachsen

---

1) Annales Lauriss. ap. Pertz. l. c. I. p. 156. Saxones perterriti omnes ad locum, ubi Luppia consurgit, venientes sub dicioni Caroli regis se subdiderunt... innumerabilis multitudo baptizati sunt. Das ist die erste Taufe im Sachsenlande, deren die Chronisten gedenken. Eine Quelle der Lippe in Lippspringe soll davon den Namen „Jordan" erhalten haben.

gelobten auf's Neue Gehorsam und viele von ihnen ließen sich taufen. Den außerordentlichen Glanz des Reichstages erhöhete noch eine seltene Erscheinung: drei arabische Gesandte aus Spanien erschienen zu Paderborn und fleheten im Namen ihres Herrn, eines unterdrückten Emir's, den Frankenkönig um Hülfe an. Carl versprach ihnen die erbetene Unterstützung um so lieber, da er hoffte, auch in Spanien das Kreuz Christi auf= pflanzen zu können. Ehe er jedoch Paderborn verließ, bauete er an der Stelle des heutigen Domes eine Kirche, die zweite im Sachsenlande und weihete sie dem Welt=Erlöser.¹) Diese St. Salvator=Kirche bildet den Anfang unseres Domes.

Während Carl der Große im folgenden Jahre im fernen Spanien gegen die Muhamedaner nicht ohne Erfolg kämpfte, kehrte der schreckliche Wiburint, der Sachsen Herzog, zu seinem Volke zurück und eilte von Gau zu Gau, die Sachsen zum Kampfe für die Religion und Freiheit der Väter entflammend. Auf des Herzogs Ruf erhob sich das gesammte Volk der Sach= sen und griff, unbekümmert um Eidschwur, Reichstag und Taufe, von neuem zu den Waffen. Die Kirchen, unter ihnen die Salvator=Kirche wurden zerstört,²) die Priester ermordet oder verjagt. Da rückt der gewaltige Frankenkönig wiederum heran und die Sachsen unterwerfen sich und stellen Geiseln. Aber nur für kurze Zeit war die Ruhe in Sachsen hergestellt. Mit einer stets wachsenden Hartnäckigkeit und Tapferkeit kämpfte das Volk der Sachsen für seine Religion und Unabhängig= keit; wohl beugte es sich oftmals vor dem Schwerte des ge= waltigen Frankenkönigs und gelobte Unterwerfung und Annahme des Christenthums; aber kaum hatte der Sieger das Sachsen=

---

1) Ann. Sangall. ap. Pertz. l. c. I. p. 63. „777. Hoc anno fuit domnus rex Carolus in Saxonia et loco Patresbrunna aedificavit eccle= siam in honore Salvatoris. Die erste Kirche im Sachsenlande war ohne Zweifel in Eresburg erbaut, wo seit dem J. 772 eine frän= kische Besatzung zurückblieb.

2) Translatio s. Liborii, ap. Pertz. l. c. VI. p. 150. ec= clesia ut videlicet ob incolarum loci perfidiam et odium in religio= nem christianam aliquoties igni traderetur.

land verlassen, dann mordeten sie die Glaubensboten, zerstör=
ten die christlichen Kirchen und kehrten jubelnd in die Wälder
zu den Altären der vaterländischen Götter zurück. Das dauerte
fort, bis endlich im Jahre 785, wo Carl in Paderborn einen
zweiten Reichstag hielt, der Herzog Wibukint sich unterwarf
und sich taufen ließ. Nach Wibukint's Bekehrung trat in
Sachsen eine achtjährige Ruhe ein, in welcher Carl zur Ver=
breitung und Befestigung des Christenthums unter dem rohen
Volke kräftigere Anstalten treffen konnte. Im Jahre 795
gründete er das Bisthum Paderborn, das jedoch noch gegen
zehn Jahre hindurch der Fürsorge des Bischofs von Würzburg
anvertraut blieb. [1]

### §. 2.

Die von den Sachsen im Jahre 778 zerstörte Salvator=
Kirche wurde wieder hergestellt und wahrscheinlich später noch=
mals zerstört und wiederum neu aufgebaut, was leicht gesche=
hen konnte, da sie ohne Zweifel meist aus Holz erbauet war.
Eine Kirche von größerer Bedeutsamkeit, welche aus Bruch=
steinen aufgeführt war, erhielt Paderborn erst um das Jahr
799, in welchem Carl hierselbst nach Angabe der Chronisten
eine Kirche von wundersamer Größe aufführen ließ. [2] Noch
war man mit dem Aufbau derselben beschäftigt, als Paderborn
durch einen Besuch ausgezeichnet wurde, wie er ihm nie wieder
zu Theile geworden ist.

Sowie nämlich während des Baues der ersten Kirche
Muhamedaner hülfeflehend zu Carl nach Paderborn gekommen
waren, so erschien beim Aufbaue der zweiten, größern Kirche
das Oberhaupt der christlichen Kirche, der Papst Leo III., in

---

1) Das ist ausführlich dargethan in meiner Abhandlung: „Die
Anfänge des Bisthums Paderborn." Paderb. 1860.

2) Annales Lauresh. ap. Pertz. I. c. I. p. 39. Domnus rex ad
Paderbrunnun aedificavit ecclesiam mirae magnitudinis et fecit eam
dedicare. (Nur das Chor wird schon damals eingeweihet sein).

Paderborn, um den Frankenkönig um Hülfe anzuflehen gegen die treulosen Römer, welche ihn in einem Aufstande mißhandelt und zur Flucht genöthigt hatten. Als Carl die Nachricht erhielt, daß der Papst herankomme, so erzählt ein Chronist, [1] sendet er ihm sogleich seinen Sohn Pipin mit einer großen Schaar Krieger entgegen, um den Papst zu ihm nach Paderborn zu geleiten. Dann ermahnt er seine Heerschaaren, sich zum Empfange des Papstes, wie wenn sie zur Schlacht ausziehen wollten, zu rüsten. Und als der Statthalter Christi herannahet, da stellt der Frankenkönig seine Krieger in Reihen auf; fernhin strahlet die glänzende Rüstung, fernhin schallet das Getümmel der unabsehbaren Menge. Vorn steht der Clerus in lang herabwallenden Gewändern, harrend des Vaters der Kirche. Jetzt erscheint er, und lautlose Stille herrscht; dreimal wirft sich schweigend vor ihm nieder die Schaar der Krieger, dreimal wirft sich vor ihm in Demuth nieder die zahllose Volksmenge, über welche der Papst segnend und flehend seine Hände empor hebt. Tief vor ihm neigt sich der Frankenkönig und empfängt ihn mit Ehrfurcht, während der Clerus feierliche Gesänge anstimmt. Darauf begibt sich der Papst in die neu erbaute Domkirche, wo er das h. Meßopfer darbringt und einen Altar weihet, den er mit den Reliquien des h. Stephanus ausstattet. [2]

Unbeschreibliche Freude herrschte unter dem Volke, als es den Vater der Christenheit in seiner Mitte sah. Dieser war zwar gekommen als ein um Hülfe Flehender, aber auch, um zugleich Besitz von dem Lande zu nehmen, welches nach so lan-

---

1) Angelberti carmen de Carolo magno, ap. Pertz. l. c. II. p. 401. vv. 426-536.

2) Translatio s. Liborii, l. c. In ecclesia tunc ibidem noviter constructa quoddam altare consecrans, adorandas in eo reliquias prothomartiris Stephani, quas secum Roma detulerat, collocauit..., quod oratorium illud ob incolarum loci perfidiam aliquoties igni traderetur. Demnach war die um das J. 799 erbaute Kirche die neu aufgeführte Salvator-Kirche.

gen blutigen Kämpfen für das Kreuz gewonnen war. Was Rom's Legionen acht Jahrhunderte früher vergebens erstrebt hatten, war jetzt den Waffen Carl's des Großen und den Be= mühungen der christlichen Glaubensboten gelungen: das ganze nördliche Deutschland gehorchte dem Frankenkönige, der im fol= genden Jahre römischer Kaiser ward, und brachte dem Höchsten der Bischöfe, dem Bischofe von Rom, als seinem geistlichen Lenker, seine Huldigung dar.

Nach einigen Tagen trat Leo III., von Carl auf's reich= lichste beschenkt und von einer großen Heeresmacht geleitet, seine Rückreise an. Was während der Zeit seines Aufenthalts zu Paderborn zwischen ihm und dem Könige verhandelt ist, hat uns Niemand überliefert; aber es ist äußerst wahrschein= lich, daß eben hier schon die Wiederherstellung der römischen Kaiserwürde, welche im folgenden Jahre erfolgte, verabredet wurde. Und somit „gab diese Zusammenkunft des Papstes mit Carl dem Großen zu Paderborn die Veranlassung zu der ersten Erneuerung des abendländischen Kaiserthums und der ganzen römischen Reichsherrlichkeit deutscher Nation."

Ehe der Papst Paderborn verließ, gab er dem neu errich= teten Bisthume Paderborn seine Bestätigung, das jedoch erst einige Jahre später [1]) einen eigenen Bischof in der Person Hathu= mar's erhielt, der in dieser Gegend geboren, früher Carl dem Großen als Geisel gegeben und von ihm zur Erziehung nach Würzburg geschickt war. Hathumar war einer jener Männer, der als treuer Gehülfe Carl's das Volk, das einst mit roher Willkür von andern Völkern Tribut erpreßte, der Kirche und ihren Dienern zinsbar machte, und die wilden Heiden, die von Raub und Plünderung der Nachbarn lebten, so umwan= delte, daß sie das Ihrige mit der Kirche theilten. [2]) Nach Hathumar bestieg im Jahre 815 Baburad den Bischofsstuhl von Paderborn und verwaltete sein Amt bis zum Jahre 852. Von

---

1) Vergl. „Die Anfänge des Bisthums Paderborn," S. 15.
2) Vita Meinwerci, c. I. Facta est sacerdotibus tributaria.

Badurad wird berichtet, [1] daß er eine große und prachtvolle Domkirche aufgeführt habe, und ein anderer Chronist erzählt, daß der Dom, dessen Bau Carl der Große begonnen habe, unter Badurad vollendet sei. [2] Diese letztere Angabe ist die wahrscheinlichere; denn große Bauwerke ließen sich damals, wie wir später sehen werden, nur in vielen Jahren vollenden.

Daß Carl der Große den Grund zu unserm Dome gelegt und sich oft hier aufgehalten hatte, gab dem Orte eine Bedeutung, die ihm noch längere Zeit verblieb; denn auch sein Sohn, Ludwig der Fromme, hielt in Paderborn im Jahre 815 einen glänzenden Reichstag, auf welchem unter andern Fürsten auch Gesandte der östlichen Slaven erschienen, um dem Kaiser ihre Huldigung darzubringen. Auch in der spätern Zeit wurde Paderborn nicht selten von den deutschen Kaisern besucht, wie von Otto dem Gr., Heinrich II., Conrad II., Friedrich Barbarossa u. a. Ja Paderborn wurde sogar im Jahre 1002 von Heinrich II., der sich oft hier aufhielt, der Ehre werth gehalten, daß er seine Gemahlin Cunigunde hier feierlich krönen ließ.

Aber diese Krönung fand nicht mehr statt in den Hallen des ältesten, von Carl dem Großen gegründeten Domes, [3] denn noch nicht volle zwei Jahrhunderte hatte dieser erste, von Carl dem Großen begonnene, unter Badurad vollendete Dom gestanden, als er in einen Schutthaufen verwandelt wurde. In

---

1) Translat. s. Libor. l. c. p. 150... principalem vero ecclesiam ingenti decore et grandi opere extollere.

2) Vita Meinwerci, ap. Pertz. l. c. XII. p. Anno millesimo civitas Patherbrunnensis incendio vastatur nobileque Principalis ecclesiae monasterium praecipui operis et decoris a Carolo M. fundatum, a Badurado episcopo consummatum, conflagravit.

3) Aus der Zeit Carl's des Gr. hat sich nur ein Theil der von seinem Verwandten Gerold gegründeten Mariencapelle erhalten, welche vor der von Meinwerk im Jahre 1017 erbauten Bartholomäus-Capelle steht und schmählich entstellt und entweihet ist. Ueber beide Capellen habe ich ausführlichere Mittheilungen gegeben im Organ für christliche Kunst, Köln 1852 Nr. 12 und 13 und in den „Anfängen des Bisthums Paderborn" S. 24—26.

dem Jahre nämlich, wo die Angst vor dem nahen Weltunter=
gange die ganze christliche Welt durchzitterte, wo der Glaube,
daß das tausendjährige Reich des Heilandes nun zu Ende gehe,
nämlich im Jahre 1000 n. Chr. zerstörte eine gewaltige Feuers=
brunst den hiesigen Dom nebst einem großen Theile der Stadt. [1]
Zwar begann der damalige Bischof Rethar, als nach Ablauf
des verhängnißvollen Jahres das Dasein auf's Neue wieder
gesichert schien, den Bau eines neuen Domes, der jedoch in ziem=
lich kleinen Verhältnissen und erst bis zu den Fenstern nach=
läßig aufgeführt war, als Rethar im Jahre 1009 starb, um
einem größern Baumeister Platz zu machen. Ihm folgte ein
Verwandter des Kaisers Heinrich II., nämlich Meinwerk, der
um Kunst und Wissenschaft und namentlich als Beförderer der
Baukunst sich unsterbliche Verdienste erworben hat. Er ver=
warf den Plan seines Vorgängers und gab gleich am dritten
Tage nach seiner Ankunft in Paderborn den Befehl, den von
jenem bis zur Fensterhöhe aufgeführten Dom gänzlich nieder=
zureißen. Als das geschehen war, ließ er einen neuen Dom
in größerem Maßstabe und in ungewöhnlicher Pracht mit großem
Kostenaufwande von Grund aus neu aufbauen. [2] Er betrieb
das Werk mit solchem Eifer, daß der Dom in sieben Jahren
vollendet wurde und daß er ihn am 15. September des Jahres
1015 feierlich einweihen konnte. [3] Am Tage der Einweihung
schenkte der Bischof dem Dome seine bei Göttingen gelegene
Burg Plesse mit nicht weniger als 1100 Hufen Landes. Das
Beispiel des Bischofs blieb nicht ohne Nachahmung; von 99

1) Siehe oben Note 1 Seite 15.

2) Vita Meinw. c. XVII. Principalem ecclesiam sumptu ingenti et magnificentia singulari construxit, quam tertia die adventus,
deiecto opere modico a praedecessore suo inchoato et usque ad
fenestras neglegenter consummato, a fundamentis celeriter atque
alacriter erexit.

3) Vita Meinw. c. XXXI. Aedificio ergo principalis ecclesiae
magnifice consummato, solenniter eam dedicavit XVII. Cal Octobres

verschiedenen Personen wurden dem Dome Geschenke gemacht, von denen die meisten aus größern Höfen, aus Ländereien und Waldungen, sowie aus Leibeigenen bestanden. [1])

## §. 3.

Außer dem Dome, dem umfangreichsten und bedeutend= sten seiner Bauwerke, ließ Meinwerk noch mehrere in Pader= born aufführen, nämlich das Closter und die Kirche von Ab= binghof, die Bartholomäus = Capelle und die Kirche zum Bus= dorfe, welche letztere nach dem Muster der Kirche des h. Grabes zu Jerusalem erbaut wurde. Aber von allen diesen Bauwerken ist kein einziges vollständig erhalten, als die an der Nordseite des Domes durch griechische Baumeister aufgeführte, äußerst sehenswerthe Bartholomäus = Capelle; [2]) in Abbinghof ist nur noch die Krypta unter der alten Kirche vom Meinwerk'schen Baue übrig; dagegen scheint von der unter Meinwerk aufge= führten Busdorf'skirche, [3]) sowie von seinem Dome gar nichts auf unsere Zeit gekommen zu sein. Den größten Schöpfungen Meinwerk's war das Geschick leider nicht günstig; denn kaum hatte der Dom ein halbes Jahrhundert gestanden, als im Früh= linge des Jahres 1058 die Stadt Paderborn zum zweiten Male von einer schrecklichen Feuersbrunst heimgesucht wurde, in welcher auch der Dom sowie das Closter Abbinghof sammt

---

1) Vita Meinw. c. XXXII, wo alle jene Schenkungen aufge= führt sind.

2) Vita Meinw. c. XLVIII. Iuxta principale monasterium ca- pellam quandam, capellae in honorem s. Mariae virginis a Geroldo, Caroli Magni imperatoris consanguineo et signifero constructae contiguam per graecos operarios construxit eamque in ho- norem s. Bartholomaei apostoli dedicavit.

3) Vielleicht sind die beiden runden an der Ostseite des Chores stehenden runden Thürmchen, von denen der südliche der Spitze be= raubt ist, sowie der sie verbindende hohe Zwischenbau noch Reste des Meinwerk'schen Baues.

der Kirche ein Raub der Flammen wurde. [1]) Der Ruf von dieser furchtbaren Zerstörung verbreitete sich durch ganz Deutschland, [2]) woraus wohl zu schließen sein dürfte, daß die beiden Schöpfungen Meinwerk's, welche davon betroffen wurden, anderen gleichzeitigen Kirchenbauten weder an Großartigkeit noch an Schönheit werden nachgestanden haben.

Ob der Dom in dieser Feuersbrunst ganz in einen Schutthaufen zusammenfiel, oder ob ein geringer Theil den Flammen widerstand und beim Neubau erhalten wurde, darüber hat sich nicht die geringste Nachricht erhalten; nur so viel ist sicher, daß der damalige Bischof Immad, ein Neffe Meinwerk's, der in der Closterschule von Abdinghof gebildet war und die Verehrung für Kunst und Wissenschaft mit seinem Oheime theilte, gleich nach dem Brande den Bau eines dritten Domes begann, welchen er am 22. Juni 1068, also zehn Jahre nach dem Brande, mit großer Feierlichkeit einweihte. [3]) Diese verhältnißmäßig lange Zeit, welche der Neubau erforderte, berechtigt uns

---

1) Gobelini Person. Cosmodr. aet VI. 55. Anno MLVIII. civitas Paderbornensis incendio vastatur. — Vita Meinw. c. I.V. Largissimarum eleemosynarum (Meinwerci) quas in domo regia exhibuit, eadem domus testis exstitit, quae anno MLVIII. omni civitate Patherbrunnensi coelesti iudicio incendio depopulata, sola superstes cum una domo forensi fuit. Erhardt (Regesta hist. Westp. I. p. 185) meint, domus regia bedeute hier den Dom; es bezeichnet aber den Palast Heinrich's II. — Besien (Paderb. Gesch. I. S. 143.) übersetzt domus forensis durch Rathhaus; ein solches gab es schwerlich schon damals; das hinzugefügte una beweist, daß ein Haus am Markte (forum) gemeint ist.

2) Marian. Scoti chronic. ap. Pertz. l. c. V. p. 558. Padaebrunna civitas cum duobus monasteriis id est episcopatus et monachozum feria 6. ante palmas igne consumitur.

3) Gobelin Pers. I. c. „Anno Domini MLVIII. dedicata seu reconciliata est ecclesia Paderbornensis, anno undecimo post civitatis incendium."

zu dem Schlusse, daß Immad's Dom ein großartiger Bau ge=
wesen sei und dem Werke Meinwerk's nicht nachgestanden habe.

Leider war auch dem Werke des Neffen des Bischofs Mein=
werk keine viel längere Dauer vergönnt, als dem seines Oheims;
denn auch Immad's Dom wurde, nachdem er kaum zwei Men=
schenalter gestanden hatte, ein Raub der Flammen. Seiner
Zerstörung ging nach Angabe der Chronisten eine Erscheinung
am Himmel voran. Es war nämlich der 26. Juni des Jahres
1133, als sich um die dritte Nachmittagsstunde um die Sonne
zwei concentrische Kreise (sogenannte Höfe) zeigten, ein kleinerer
und ein größerer, von denen der erstere den Dom, der andere
die Stadt Paderborn zu umgeben schien, und am Abende des=
selben Tages gegen neun Uhr brach eine furchtbare Feuers=
brunst aus, welche nicht allein den Dom und das Closter Ab=
dinghof, sondern auch die ganze Stadt mit Ausnahme einiger
Häuser dahinraffte.[1] Und wiederum verflossen zehn volle
Jahre, bis sich der Dom von neuem aus seinen Trümmern
erheb. Nämlich erst im Jahre 1143 wurde der neue Dom
vom Bischofe Bernhard I. feierlich eingeweihet.[2] Die ver=
hältnißmäßig lange Zeit von zehn Jahren, welche dem Neubaue
gewidmet wurde, nöthigt uns wiederum zu dem Schlusse, daß
ein großartiges, selbstständiges Werk geschaffen wurde und daß
von dem Dome Immad's wenigstens kein sehr großer Theil
stehen blieb.

---

1) **Ann. Saxo** ap. Pertz. l. c. VIII. p. 763. Duo circuli
maior et minor circa solem apparuerunt VI. Kal. Iulii circa horam
terciam, minor circulus ambiens principale templum Paderbornensis
sedis, et maior circulus circumdans ipsam civitatem, ut ibidem con-
sistentibus videbatur. Ipso die hora nona ipsum principale monasterium cum omni fere civitate incendio conflagravit. Gob. Person.
l. c. c. LIX. Eodem anno civitas Paderbornensis cum ecclesia
principali incendio quasi tota conflagrat.

2) Gobelini Pers. l. c. c. 56. Anno MCXLIII. maior ecclesia Paderbornensis post incendium eius anno decimo a Bernardo
episcopo dedicata est.

Wahrscheinlich wurde in den Jahren 1133—1143 zum ersten Male der ganze Dom im Rundbogenstile überwölbt, während bei Immad's Dome nur die Seitenschiffe ein Gewölbe, das Mittelschiff dagegen eine flache Holzdecke hatte. Gegen die Mitte des dreizehnten Jahrhunderts erlitt der Dom wiederum durch eine Feuersbrunst bedeutenden Schaden;[1] denn in einer Urkunde vom Jahre 1267 fordert der Bischof Gerhard von Münster seine Diöcesanen zu Beiträgen zur Wiederherstellung des Domes von Paderborn auf. Und noch kein volles Jahrhundert war verflossen, als unser Dom im Jahre 1340 zum fünften Male von einer Feuersbrunst heimgesucht wurde,[2] so daß bedeutende Reparaturen nöthig waren. Am 1. Februar des Jahres 1343 erließ nämlich der damalige Bischof von Paderborn, Balduin von Steinfurt, ein Rundschreiben an alle Pfarrer und Clöster seines Sprengels, in welchem er dieselben auf's dringendste auffordert, zur Wiederherstellung der durch Feuer

---

1) Das Original dieser Urkunde befindet sich im Königl. Provinzial-Archive zu Münster. Eine Abschrift derselben wurde mir durch die Güte des Herrn Archivraths Dr. Wilmanns mitgetheilt, welche ich, da die Urkunde bisher noch nicht gedruckt ist, hier vollständig mittheile: Gerhardus Dei gratia monasteriensis ecclesie episcopus universis Christi fidelibus, ad quod praesens scriptum pervenerit, salutem et eternam beatitudinem adipisci. Ut ad pietatis opus mentes fidelium divinis muneribus indulgentiis videlicet et remissionibus invitemus et ut propiciacionem perpetuam facilius impetrent, omnibus vere penitentibus et confessis, qui ad reparacionem ecclesie Paderbornensis lamentabiliter destructe per incendium manum porrexerint adiutricem, quadraginta dies de iniuncta sibi penitencia de omnipotentis Dei confisi gratia misericorditer relaxamus. Datum Colonie anno Domini MCCLXVII. Idus Septembris.

2) Gobel. Pers. l. c. c. 48. Eodem anno (MCCCXL), quo obiit Bernardus episcopus, civitas Paderbornensis igne conflagravit. Daß auch der Dom Schaden litt, zeigt die Note auf der folgenden Seite.

verheerten Cathedralkirche nach Kräften beizusteuern.¹) Daß
der Dom damals vollständig wieder hergestellt wurde, ist keinem
Zweifel unterworfen.

## §. 4.

Das bisher Gesagte enthält alle Nachrichten, welche sich
über die mehrmalige Zerstörung des Paderborner Domes und
den jedesmaligen Neubau erhalten haben; und der gewaltige
Bau, wie er jetzt vor unsern Augen steht, gestaltete sich allmälig so bis zum Ende des 14. Jahrhunderts. Aus einer
spätern Zeit ist nichts, als einige stilwidrige, geschmacklose An-
hängsel aus der Zopf- und Perückenzeit, von denen wir vor-
läufig unsere Augen wegwenden wollen. Jeder sieht nun gleich
auf den ersten Blick, daß unser Dom in verschiedenen Stilen
ausgeführt ist und folglich in verschiedenen Zeiten entstanden
sein muß. Deßhalb entsteht jetzt die Frage: Welcher Zeit und
welchem Stile gehören die einzelnen Theile des Domes an?

Werfen Sie einen Blick auf unsern altersgrauen, verwitter-
ten Domthurm, so sehen Sie, wie eine gewaltige quadratische
Mauermasse, ohne alle Gliederung, bis zum Dache emporsteigt
und oben durch verhältnißmäßig kleine Schallöffnungen durchbrochen ist. Alle diese Oeffnungen sind oben rundbogig geschlossen und haben in der Mitte ein rundes Säulchen, das
ein einem Würfel ähnliches Capitäl trägt. In fester Verbindung mit dem Hauptthurme stehen zwei Seiten-Thürme. Aus
den drei Thürmen gleichsam herausgewachsen erscheint der denselben zunächst stehende Theil des Mittelschiffes mit den beiden
viel niedrigern Seitenschiffen, in deren einem der Taufstein
steht. Dieser Theil des Domes nebst den drei Thürmen ist,
abgesehen von den später eingefügten Gewölben, der älteste und
wie aus einem Gusse hervorgegangen. Nirgends lassen sich
zwischen den Thürmen und den anstoßenden Theilen Fugen be-

1) Schaten, Annal. Paderb. ad ann. 1343. Dipl. Balduini
episc. „Quod vero eadem ecclesia cum suis aedificiis olim fuit incen-
diis destructa et deformata et ad hoc deficiant alia necessaria ad
conservationem structurae et fabricae memoratae.“

merken; die Fenster in den beiden Seitenschiffen haben genau die Form der beiden Fenster, welche man auf der Nord= und Südseite, gegen 30 Fuß über dem Boden, im Hauptthurme erblickt, und die beiden Fenster im Mittelschiffe über den Dächern der Seitenschiffe gleichen durchaus den Schallöffnungen des Hauptthurmes. Alle sind rundbogig überwölbt und die Laibungen (Seitenwände der Fensternischen) sehr einfach und ohne alle Verzierung ausgeführt. Die ausgesprochene Ansicht, daß dieser Theil der älteste sei, wird bestätigt, wenn man das Innere des bezeichneten Bautheiles näher ansieht. Nämlich die Basis (Fuß) der beiden, der Orgelbühne zunächst stehenden Pfeiler hat eine Höhe von vier Fuß und drei Zoll, während die Basis der übrigen Pfeiler im Dome nur zwei Fuß hoch ist.

Betrachten Sie den gezeichneten Theil unseres Domes, so haben Sie vor sich ein Bild des romanischen Stiles auf der ersten Stufe seiner Entwickelung, und wie mir scheint, ist dieser Theil ein von der Feuersbrunst im Jahre 1133 verschonter Rest jenes Domes, den der Bischof Immad in den Jahren 1058—1068 aufführen ließ.

Gleichzeitig mit dem gedachten Bautheile ist die Krypta unter dem Chore aufgeführt, denn die Säulen, welche das Gewölbe derselben tragen, sind den Säulchen in den Schallöffnungen des Thurmes ganz ähnlich; denn jene wie diese haben ein roh gearbeitetes Würfel=Capital und einen mit dem Eckblatte versehenen Fuß, auf welchem dasselbe in seiner ältesten Form erscheint. Das Gewölbe der Krypta ist noch kein Kreuzgewölbe sondern kuppelförmig und roh aufgeführt. [1]) Die Krypta war nicht der älteste Dom, wie wohl behauptet wird, sondern es

---

1) An der westlichen Seite schließt die Krypta mit einem schmalen, durch ein sogenanntes Tonnengewölbe überdeckten Raum, der sich unter der Haupttreppe befindet, die auf's Chor führt. Das ist der älteste Eingang zur Krypta, denn die gedachte Haupttreppe, welche ihn jetzt bedeckt, ist erst im J. 1655 angelegt. Auch die beiden Seiten-Eingänge sind spätern Ursprungs; die ältern Treppen liegen unmittelbar neben den neuern nach Osten hin.

wurde damals unter jeder größern Kirche eine Krypta ange=
legt. [1]) Schon der Dom Meinwerk's hatte eine Krypta, in
welcher dieser einen Baumeister begraben ließ, und der Bischof
Immad ließ in der Krypta des Domes die Gebeine der fünf
ersten Paderbornschen Bischöfe in ein Grab legen. [2])

Es erscheint auffallend, daß der Fußboden des Chores acht
Fuß höher, als der des übrigen Theiles des Domes, und viel
höher als in irgend einer alten mit einer Krypta versehenen
Kirche liegt. Weshalb legte man die Krypta nicht tiefer an?
Das ist nicht schwer zu erklären. Es ist schon gesagt, daß die
Basis der beiden, der Orgel zunächst stehenden Pfeiler um zwei
Fuß höher sei, als die Basis der übrigen Pfeiler; das ist je=
doch, wie der Augenschein lehrt, nicht immer so gewesen. Der
Fußboden des Domes lag ursprünglich um drei Fuß höher, als
jetzt. Bei einem nach dem Jahre 1068 stattgefundenen Neu=
baue wurde das Pflaster drei Fuß tiefer gelegt. Tritt man
vom Markte her in den Dom, so erblickt man, sobald man die
hölzerne Thür hinter sich hat, rechts und links unmittelbar ne=
ben der Thür eine steinerne Erhöhung; das ist ein Rest des
ursprünglichen Fußbodens. Andere sind der Ansicht, diese Er=
höhungen seien Theile eines sogenannten untern Chores, das sich
in den meisten großen Kirchen früher vorfand. Dem steht
entgegen, daß sich die gedachten Erhöhungen bis an die östliche
Wand des westlichen Querschiffes erstrecken, so daß also das
ganze Querschiff noch zum untern Chore gehört hätte, was

1) Das beweist schon der Umstand, daß Meinwerk bei der ersten
Aufführung der Kirche von Abbinghof eine Krypta anlegen ließ.
Vita Meinw. c. 80. Quarto autem nonas Januarii cryptam in
novo suo monasterio consecravit.

2) Schaten. Ann. Paderb. ad ann. 1076. Ferdinand von Für=
stenberg ließ im Jahre 1666 einen großen um 1½ Fuß aus dem
Boden hervorragenden Stein auf dies Grab legen, der kürzlich tiefer
gelegt ist, so daß die obere Fläche mit dem Fußboden in einer
Ebene liegt.

durchaus unwahrscheinlich ist. Das untere Chor befand sich in der Thurmhalle, wo noch deutliche Spuren desselben vorhanden sind.

## §. 5.

Verschieden von der Krypta und dem westlichsten Theile des Domes ist der Bautheil, welcher die beiden Hauptportale enthält und ein westliches Querschiff bildet. Das prachtvoll ausgestattete Nordportal mit seinen eleganten runden Säulen und reich ornamentirten Capitälen, das über dem Portale befindliche, mit Rundstäben verzierte Fenster, sowie der oben an den Umfassungsmauern vorkommende Rundbogenfries deuten auf den vollendeten romanischen Stil des zwölften Jahrhunderts hin und stammen ohne Zweifel aus den Jahren 1133–1143, in welchen Bernard I. den Dom neu aufführte.

Wiederum verschieden von dem westlichen Querschiffe ist der ganze übrige größte Theil des Domes, welcher in dem Stile ausgeführt ist, der den Uebergang vom Rundbogen- oder romanischen Stile zum Spitzbogen- oder gothischen Stile bildet und deshalb Uebergangsstil genannt wird. Da in unserer Gegend dieser Stil bis zum Ende des 13. Jahrhunderts der vorherrschende war, so unterliegt es keinem Zweifel, daß der größte Theil unseres Domes, nämlich Alles, was östlich vom westlichen Querschiffe steht, in der zweiten Hälfte des 13. Jahrhunderts, d. i. nach dem Jahre 1267 aufgeführt ist, in welchem, wie wir oben[1]) sahen, der Dom von einer Feuersbrunst heimgesucht wurde. Damals war Graf Simon von der Lippe Bischof von Paderborn, der zwar eben so gut das Schwert zu führen verstand, als den Krummstab, aber dessen ungeachtet von einem gleichzeitigen glaubwürdigen Schriftsteller[2]) als ein in allen Künsten und Wissenschaften erfahrener Mann geschildert wird. Ja, ein anderer Chronist[3]) bemerkt, der Erzbischof von Köln

---

1) Siehe oben S. 20 und die Urkunde in der Note.

2) M. Iustini Lippiflorium apud Meibom.

3) Ein im 18. Jahrh. hier lebender Capuciner in einer Note zu M. Klöckner's Chronik vom J. 1618: Anno 1248 Conradus ar-

habe im Jahre 1248 mit Rath und Unterstützung des Bischofs Simon von Paderborn, welcher damals in der Baukunst besonders berühmt gewesen sei, das erste Fundament zum Cölner Dome gelegt.[1]) Daraus dürfte wenigstens soviel hervorgehen, daß der Bischof Simon, wenn er auch an der Entwerfung des Plans zum Dome von Cöln keinen Antheil gehabt haben mag, doch in der Baukunst sehr erfahren war, und es ist nicht unwahrscheinlich, daß man ihm eben deßhalb in spätern Zeiten Antheil am Cölner Dome zuschrieb, weil er den größten Theil des Domes von Paderborn hatte neu bauen lassen. Daß um das Jahr 1267 unter Simon wirklich etwas Bedeutendes am hiesigen Dome geschehen ist, zeigt der Umstand, daß nicht allein der Bischof Gerhard von Münster im Jahre 1267, wie wir oben sahen, sondern in demselben Jahre auch der Erzbischof Werner von Mainz in einem Rundschreiben seine Diöcesanen bringend aufforderte, zur Wiederherstellung des Domes von Paderborn opferwillig beizusteuern.[2]) Demnach bleibt uns nur die Annahme übrig, daß der im sogenannten Uebergangsstile ausgeführte größte Theil unserer Cathedrale vom Bischofe Simon von der Lippe um das Jahr 1267 erbaut ist[3])

---

ahiepiscopus Colon. cum consilio et industria Simonis episcopi Paderb., qui tunc in architectura praecipue celebrabatur, basilicae Coloniensis prima fundamenta posuit. Diese Angabe verdient wenig Glauben.

1) Vergl. Dr. Gehrken in der Zeitschrift für vaterländische Geschichte. Münster, 1842. V. Bd. S. 127.

2) Schaten. Ann. Paderb. ad ann. 1267. Archiepiscopus Wernerus litteras evulgavit, quibus quadraginta dierum indulgentias elargitur omnibus, quotquot in Moguntina sua dioecesi subsidia ad restaurationem basilicae Paderbornensis collaturi essent.

3) Der sog. Uebergangsstil entwickelte sich erst gegen das Ende des 12. Jahrhunders. Man kann also unmöglich die Erbauung des gedachten Bautheiles dem Bischofe Bernard (1133 — 1143) zuschreiben.

Man entfernte damals die romanischen Pfeilerstellungen, bei welchen (wie an der Südseite der Gokirche hierselbst) zwischen je zwei hohen Pfeilern ein kleinerer steht, erweiterte dann die Seitenschiffe, so daß der Dom fast so breit wurde als das westliche Querschiff lang ist, und überwölbte das Ganze bis in den Hauptthurm hinein im Spitzbogenstil. Ferner durchbrach man die Wände durch große spitzbogige Fenster, verstärkte die Mauern durch Strebepfeiler, ordnete in die Ecken und an die Flächen der Pfeiler im Innern Halbsäulen,[1] und legte das Pflaster um drei Fuß tiefer; und so gestaltete sich der Bau, wie er jetzt noch vor unsern Augen steht, ein gewaltiger Sohn jener Zeit, die aus dem immerhin noch gedrückten Rundbogen hinaufstrebte in den Spitzbogen. Daß die Erbauung des gedachten Theiles des Domes wirklich in die von uns angenommene Zeit fällt, beweisen, außer der schon hervorgehobenen Gliederung der Pfeiler, die breitgedrückten, flachen attischen Basen, die noch das Eckblatt und zwar in verschiedenen Verzierungen haben; die Ornamente der Capitäle, die zugleich in derselben Breite die Pfeiler umziehen und durchaus die Formen der Uebergangszeit verrathen; das steinere Stabwerk in den Fenstern endlich, das noch nicht die tiefen Auskehlungen des gothischen Stiles, sondern noch die mit Capitälen geschmückten Rundstäbe der romanischen Kunst zeigt. An diesen Fenstern der Seitenschiffe entfaltet sich eine reiche und schöne Fülle von Formen: meistens sind es Radfenster, die in den Spitzbogen hinein gespannt sind, oder sonst andere Vielpässe, sämmtlich noch durch rund profilirte Stäbe umschlossen. Etwas entwickelter ist schon der polygone Ausbau des nördlichen Kreuzarmes, der aus fünf Seiten des Zwölfecks besteht. Wandsäulchen mit zierlichen Capitälen von frühgothischem Laubwerk tragen die Gewölberippen, die noch keine scharfe gothische Profilirung zeigen; die Fenster haben ebenfalls rundes Stabwerk mit Kapitälen und im Stabwerke Vielpässe. Vermuthlich be-

---

1) Vergl. W. Lübke, die mittelalterl. Kunst Westfalens, S. 174.

zeichnet dieser Theil den Schluß der auf den Brand von 1267 gefolgten Bauperiode. [1])

Das Emporstreben, was in der ganzen Baukunst damals herrschte, bewog den Bischof Simon, auch die Umfassungs-Mauern des Domthurms um 40—50 Fuß zu erhöhen und auf den so erhöheten Unterbau eine hoch emporragende Spitze zu setzen. Diese Erhöhung des Thurmes beginnt da, wo die Kanten aus glattbehauenen Steinen bestehen, zwischen welchen die vier alten Giebeldreiecke, deren obere Spitze unmittelbar über der höchsten Schallöffnung sich befindet, noch deutlich zu erkennen sind. Die hohe achtseitige Spitze mußte im J. 1558 wegen Baufälligkeit abgenommen werden,[2]) wo der Thurm eine Spitze erhielt, wie sie jetzt der Busdorfsthurm hat. Als diese im J. 1815 durch einen Blitzstrahl vernichtet wurde, ward der alte Thurm-Coloß durch ein jämmerliches Schäferhüttendach entstellt, das ihn noch heute belastet und allem Anscheine nach allmälig auseinander treibt.

Jedoch ist der Dom nicht ganz so geblieben, wie er vom Bischofe Simon um das Jahr 1267 aufgeführt wurde. Wir wissen, daß auch der Bischof Balduin von Steinfurt um das Jahr 1343 eine Restauration des hiesigen Domes vornahm. [3]) Was hat er geschaffen? Nirgends zeigt sich ein Bautheil, dessen Formen dem in jener Zeit herrschenden gothischen Stile entsprächen, als die Fenster des Chores und des südlichen Kreuzflügels, die ausgebildetes gothisches Maß- und Pfostenwerk zeigen, ohne Capitäle für die Stäbe, die in ununterbrochenem Fluße in die Formen des Maßwerkes übergehen. Letzteres besteht aus rein constructiven Gliedern der besseren Zeit, aus Vierpässen u. dgl. [4]) Außerdem scheinen auch einzelne Gewölbe-Quadrate aus der Zeit Balduin's, ja mehrere aus einer noch viel spätern Zeit zu stammen.

---

1) Vergl. Lübke, mittelalt. Kunst. S. 175.
2) Urkunde im Königl. Provinzial-Archive zu Münster.
3) Vergl. oben Seite 20 u. 21.
4) Vergl. Lübke, mittelalterl. Kunst S. 175.

In der Folgezeit ist nämlich noch viel am Dome gebaut worden, allein zu immer größerem Nachtheil für die stilistische Erscheinung des Baues. Dahin gehört die Errichtung einer Kuppel über dem äußersten Chorgewölbe, so wie die damit zusammenhängende Erbauung eines abscheulichen gewölbe=stürmenden Zopfaltars von kolossalen Dimensionen, mit eben so werthlosen als massenhaften Figuren,[1] dessen oberer Coloß auf 4 Pfropfenzieher=Säulen ruhet, die jeden Augenblick unter ihm zusammenzusinken oder ihre Last abzuschütteln drohen.

Diese Entstellung des Domes geschah um die Mitte des 17. Jahrhunderts, wo auch die vier Capellen an jeder Seite desselben entstanden, die im schneidenden Contraste zu seinem Stile stehen und seine Außenseite ebenso sehr entstellen, als ihre Portale sein Inneres schänden. Sollte Jemand diesen Ausdruck hart finden, der möge sich gelegentlich einmal einige jener kleinen feisten Burschen näher ansehen, die oben auf den Portalen einiger Capellen nicht sitzen oder stehen, sondern liegen und umher zu krabbeln scheinen und die einem Bacchus auf der Tonne unendlich ähnlicher sind, als einer Engelsgestalt. Doch wenden wir uns weg von diesen Schöpfungen einer geschmacklosen Zeit und weiden unser Auge lieber an den Gebilden, welche die Sculptur der romanischen und gothischen Zeit geschaffen hat. Wir beginnen mit dem, was sich an der Außenseite des Domes findet.

### §. 6.

Das Aeußere unseres Domes ist völlig schmucklos, nur die Südseite des östlichen Kreuzschiffes, der Wohnung des Herrn Propstes und Pfarrers Schumacher gegenüber, ist mit Werken der Sculptur ausgestattet, welche verschiedenen Jahrhunderten anzugehören scheinen, und weniger ihres künstlerischen Werthes als ihres Inhalts wegen beachtenswerth sind. Sie bilden zwei Gruppen, von denen die eine oben in einer

---

1) Vergl. Organ für christliche Kunst, 1859.

Nische des Giebel=Dreiecks, die andere, interessantere weiter unten auf beiden Seiten des Fensters ihren Platz gefunden hat. Diese untere Gruppe ist wieder in zwei Reihen geord= net; ganz unten stehen unter einer Baldachin=Architectur, welche aus romanischen Spitzgiebeln, die mit Thürmchen abwechseln, besteht und dem 13. Jahrhundert angehört, auf der rechten Seite des Fensters die fünf klugen Jungfrauen, welche ihre Lampen in die Höhe halten und auf der rechten Seite die fünf thörichten Jungfrauen, deren Betrübniß und Verzweiflung in origineller Weise und durch lebhafte Bewegung ausgedrückt ist. Die eine z. B. schlägt sich mit der Hand vor die Stirn, als wenn sie sagen wollte: „Wie thöricht hast du doch gehandelt!"

In der zweiten Reihe sind Scenen aus dem neuen Testa= mente angebracht; nämlich links vom Fenster die Verkündigung Mariä, die Geburt Christi und die Darstellung im Tempel, rechts vom Fenster die Taufe Christi im Jordan, die Versuchung und sein Einzug in Jerusalem. Am schönsten und originellsten ist die Darstellung der Geburt Christi. Maria liegt auf einem hohen Bette, über welchem ein Vorhang schwebt. St. Joseph sitzt am Kopfende desselben, das Haupt sinnend auf die linke Hand gestützt. Aber wo ist das Jesu=Kindlein? Es fehlte dem Künstler an Raum, und deshalb wird man es ihm nicht übel= nehmen, wenn er dem wichtigsten Gegenstande, dem Jesu=Kind= lein, ein bescheidenes Plätzchen unter dem Bette angewiesen hat und wenn außerdem noch ein Ochs und Esel ebenfalls un= ter dem Bette drollig hervorschauen, um das Kind durch ihren Hauch zu erwärmen. Ueber diesen sechs Darstellungen erhebt sich ebenfalls ein Architectur=Baldachin, der aus fünfzehn Giebel= Dreiecken besteht, von denen jedes eine Darstellung aus der deutschen Thierfabel überdacht. Da sieht man eine Sau, welche auf einem langen Horne bläst, den Storch, der dem Fuchse den Knochen aus dem Halse zieht, den Esel, der auf der Geige spielt und andere. [1]

---

1) Eine getreue Abbildung dieser ganzen Gruppe findet sich in Moller's Kunstdenkmälern.

Diese Darstellungen, welche einen ergötzlichen Beweis für den Humor jener Zeit liefern, stehen unmittelbar über den Scenen aus dem Leben Jesu. Schon diese Zusammenstellung selbst zeigt, daß sie nicht die ursprüngliche ist; die Architectur=Baldachine gehören dem vollendeten romanischen Stile, also wohl dem 13. Jahrhundert an, die übrigen Figuren dagegen der gothischen Zeit, und der Augenschein lehrt, daß die einzelnen Theile dieser Gruppe nicht stets so geordnet gewesen sind. Wahrscheinlich dienten sie ursprünglich zur Ausschmückung eines Portals an eben dieser Stelle, das wegfiel, als das große gothische Fenster hier angelegt wurde. Theile eines solchen Portals sowie auch noch einzelne Figuren sind in der Nähe an den Strebepfeilern und in den Ecken untergebracht, welche die Pfeiler mit der Umfassungsmauer bilden.

Während die besprochene Gruppe der Sculpturen in halb erhabener Arbeit aufgeführt ist, besteht die zweite, welche sich oben in und auf dem Giebel befindet, aus vollständigen Statuen, die sämmtlich der gothischen Zeit, dem 14. Jahrhunderte, angehören. Die Hauptfigur ist die der Madonne mit dem Kinde auf dem Arme, welche in einer im Giebel angebrachten rundbogigen Nische mitten zwischen zwei Bischöfen[1]) von geringeren Dimensionen steht. Diese drei Figuren gehören zu den besseren, welche der Dom enthält, haben aber schwerlich stets diesen Platz eingenommen; erst eine spätere Zeit, die ihren Werth nicht mehr zu schätzen wußte, scheint sie aus dem Dome verbannt und an dieses einsame Plätzchen verwiesen zu haben, wo ihnen Niemand zu nahe tritt, als Schnee und Regen. Fünf andere, kleinere Figuren stehen in gleichen Abständen auf dem Giebeldreiecke, sind aber, theils weil sie stark verwittert sind, theils der weiten Entfernung wegen schwer zu deuten.

Viel bedeutender, als die besprochenen beiden Gruppen, sind die Sculptur=Arbeiten an dem „prachtvollen Portale" in der Vorhalle, welches nach dem Urtheile eines vorzüglichen Kunst=

---

1) Wahrscheinlich den h. Kilian und h. Liborius vorstellend.

kenners [1]) „eine der elegantesten Arbeiten der Uebergangszeit"
bildet, und dem Ende des 13. Jahrhunders, also der Zeit Simon's von der Lippe angehört. „Ein mittlerer Pfeiler theilt
dasselbe in zwei durch Kleeblatt=Rundbogen geschlossene Oeffnungen; die Gesammteinfassung derselben ist dagegen rundbogig. Das Bogenfeld zeigt den Gekreuzigten als Reliefbild;
zu beiden Seiten ein schwebender Engel, mit den Händen
Schleier ausbreitend. Darunter, am mittleren Pfeiler erhebt
sich eine lebensgroße Statue der heil. Mutter mit dem Kinde,
zu beiden Seiten auf den Thürflügeln je ein heiliger Bischof.
Sodann sind die das Portal einschließenden Säulen zu Gun-
sten eben so großer Statuen bedeutend verkürzt, so daß die
Bildwerke, dicht zusammengedrängt, sich auf den Deckplatten
der reich mit Arabesken geschmückten Capitäle erheben; überdacht werden sie von einer Architektur, die auf Kleeblatt=Rund-
bögen thurmartige kleine Bauwerke zeigt. Auf jeder Seite
stehen drei männliche Gestalten,[2]) auf der einen Seite mit
Schriftrollen, auf der andern mit Büchern."[3]) Rechts von
den erstern steht ein heiliger Bischof und links von dem andern
ein heiliger König, der den Teufel mit Füßen tritt. Das die
Mutter herzende Christuskind zeugt von Naivität der Empfin-
dung. Die Köpfe, obwohl meist etwas zu groß, sind von gu-
ter Bildung und würdigen Ausdrücke. Das ist Alles, was es
an der Außenseite des Domes Sehenswerthes gibt. Treten
wir daher jetzt in denselben hinein, und zwar durch das kleine
neue Portal an der Ostseite.

## §. 7.

Sobald wir die Verhalle hinter uns haben, erblicken
wir zur Rechten im nördlichen Flügel des Kreuzschiffes unter der sogenannten Hasenkamp's Uhr einen alten gothischen
Altar, ein Meisterstück der Steinmetzkunst, welchem Herr
Professor Dr. Kayser hierselbst unlängst eine ebenso gründ-

---

1) Lübke, mittelalterl. Kunst Westf. S. 175.
2) Ueber den Häuptern derselben zeigen sich Thierköpfe.
3) Lübke, a. O.

liche, als ausführliche Beschreibung gewidmet hat, aus der wir mit Genehmigung des Verfassers das Wichtigste mitzutheilen uns erlauben.

„Der alte Hochaltar des Paderborner Domes ist glücklicher Weise dem Untergange entronnen. Unbenutzt, von vielen auch unbeachtet, steht derselbe in dem nördlichen Kreuzflügel unter einer alten Uhr, die schon lange keine Stunde mehr zeigt. · Er gehört der spät-gothischen Zeit an, wie jeder Sachkundige aus den Formen der Architektur und des Ornaments ersieht. Es ist ein Reliquienaltar, d. h. zur Aufnahme eines großen Reliquienschreines bestimmt. Das kostbare Scrinium für die Gebeine des h. Liborius, welche die Diöcese seit dem Jahre 836 als ihren köstlichsten Schatz verehrt, hatte hier seinen würdigen Platz. Hier hat einst der von Christian von Braunschweig geraubte, hier der noch jetzt vorhandene silbervergoldete Liboriuskasten gestanden. Bei den Reliquien-Altären des Mittelalters war der Altartisch (die Mensa) entweder von dem Repositorium für den Schrein getrennt, so daß jeder Theil für sich stand, ohne constructive, überhaupt ohne eine andere als die ideelle Verbindung, oder beide waren vereinigt. Die Mensa steht in ersterem vor dem Receptaculum [1]) der Cista, aber so, daß man zwischen der Rückwand des Altartisches und dem Fuße des Receptaculum durchgehen kann. Die Pilger, welche zu dem Grabe des Heiligen wallfahrteten, gingen beim Offertorium der h. Messe oder sonst um den Altar und passirten betend und opfernd den Raum zwischen der Mensa und dem Schrein. Ein sinniger Ausdruck für den katholischen Glauben von der Fürbitte der Heiligen. Der Heilige, dessen Reliquien verehrt werden, vermag nichts durch sich selbst, nur durch Christus und seine Beziehung zu ihm kann er Hülfe bringen. Da auf dem Altare Christus weilt, so sucht der Hülfsbedürftige sich gewisser Maßen mitten in die Kette, welche den Heiligen mit Christus verbindet, einzuschalten, um die Wirkung des Stromes heilender Kraft zu erfahren, welche von Christus auf den Heiligen übergeht.

---

1) Oeffnung für den Reliquien-Schrein.

Der alte Altar des Paderborner Domes gehört nicht zu dieser Art von Reliquien-Altären, sondern zu der zweiten Art, bei welcher Mensa und Receptaculum vereinigt sind. Anfangs setzte man die Cista des Heiligen einfach auf einen flachen Hinterbau der Mensa, dessen obere Fläche die Fortsetzung des Altarsteines war. Diese schlichte und anspruchslose Aufstellung des köstlichen Schatzes konnte auf die Dauer um so weniger genügen, da man alle Kunst und jegliche Kostbarkeiten verwandte, um die heilige Theca prächtig zu zieren. Nun bildete sich das Receptaculum für den Reliquienschrein zu einem würdigen Altar-Aufsatze aus, der als Zelt oder Baldachin den Schrein überschattet.

Der vorzüglichste Theil des Altars ist die Mensa.[2] An unserem Altare tritt dieselbe ganz hervor, steht ganz vor dem Hinterbau. Dadurch ist der kirchlichen Vorschrift, daß der Altartisch durch keinen anderen Gegenstand belastet werden solle — eine Vorschrift, welche die modernen Altäre fast durchgängig so schnöde verletzen — vollständig Rechnung getragen. Die Mensa besteht aus massivem Mauerwerk, das durch den Altarstein bedeckt ist. Dieser ladet weit aus und bildet durch die Abschrägung seiner unteren Kante ein kräftiges Decksims.

Die Höhe des Altartisches über dem Suppedaneum[1] beträgt 3½ preuß. Fuß; die Breite desselben beläuft sich auf 6¾ Fuß, in der Tiefe mißt er 2¾ Fuß.

Das Aeußere des ganzen Altartisches ist schlicht und einfach, ohne alles Ornament. Die Bekleidung des Altartisches (vestes, vestimenta altaris) soll ja nach den Rubriken mit den verschiedenen Festen wechseln. Ganz gewiß hat aber auch dieser Altar für die hohen Feste eine kunstvolle Metallbekleidung (laminae, petala) gehabt. Wahrscheinlich ist sie von Christian von Braunschweig in die Münze geschickt, — ein Schicksal, das auch die nach Magdeburg geretteten (!) laminae des jetzigen Hochaltares im Jahre 1806 erfuhren.

---

1) Altartisch. — 2) Fußtritt.

Hinter dieser Mensa, aber in Verbindung mit derselben, ist ein Anbau, der das Receptaculum für den Liborischrein bildet. Derselbe ist breiter als die Mensa; er ragt in der Breitenrichtung 2⅓ Fuß an jeder Seite hervor, so daß die ganze Breite dieses Hinterbaues 10⅔ Fuß beträgt. Die Tiefe beläuft sich auf 3½ Fuß, die Höhe steigt bis zu 13 Fuß. Ueber diesem breiten Unterbau erhebt sich dann in der Mitte die schlanke durchbrochene Pyramide, die 21 Fuß Höhe erreicht, so daß die Höhe des ganzen Altares nicht weniger als 34 Fuß ist.

Fassen wir nun zuerst den breiteren Unterbau näher ins Auge. Derselbe besteht so zu sagen aus drei Stockwerken. Das unterste hat gleiche Höhe mit dem Altartische und ist an den vier Ecken von zierlichen Strebepfeilerchen flankirt. Die beiden Schmalseiten sind wiederum durch je eine Strebe in zwei Felder getheilt, zwischen diesen Mittelpfeiler und den jedesmaligen Eckpfeiler ist ein zweitheiliges Blendfenster eingespannt, aus jeder Fensterhälfte ragt ein niedliches Consölchen hervor, zur Aufnahme von Statuetten. Ganz dieselbe Detaillirung zeichnet die lange Rückseite aus; nur ist dieselbe durch sieben Strebepfeilerchen in acht Compartimente abgetheilt; auch hier dieselben Fensterblenden, dieselben Kragsteine für Statuetten. Von dem Statuettenreichthume hat sich jedoch keine andere Spur erhalten, als der Ort, wo sie gestanden. Welche Pracht mag einst dieses Denkmal entfaltet haben, als es noch mit seinen kostbaren Metallbekleidungen um die Mensa, mit seinen 24 reich polychromirten Statuetten um diesen Unterbau prangte!

Das Deckglied dieser unteren und zugleich den Sockel für die mittlere Etage bildet ein kräftiges, stark vorspringendes Gesims von kräftigem Profil, das sich über die Strebepfeilerchen hinzieht und dessen obere Kante mit der Oberfläche des Altarsteines in gleicher Flucht liegt. Die untere Kante trägt ein nicht stylisirtes Ornament von Eichenzweigen, Eichenblättern mit Eicheln. Dieses zweite Stockwerk ist das eigentliche Receptaculum für den großen Reliquienschrein. Der Platz für denselben ist dadurch hergestellt, daß der Hinterbau zu einer oblongen Nische von 9½ Fuß Breite, 3 Fuß Höhe und 2¼

Fuß Tiefe nach der Fronte hin geöffnet ist; oben ist sie von einer durchgehenden horizontalen Steinplatte bedeckt, die von eisernen Querstangen gestützt wird. Ueber dieser großen Quernische des mittleren ist der Raum des dritten Stockwerkes der Breite nach in fünf Abtheilungen geschieden, die durch dreipaßige Spitzbogen unter einander communiciren. Nach der Vorderseite sind dieselben von unbeweglichen Eisengittern verschlossen, deren Stäbe noch deutliche Spuren einer reichen Vergoldung an sich tragen; nach der Rückseite bilden diese fünf Gitter eben so viele Thüren. Wozu dienten diese kleineren receptacula? Während die große Nische den Schrein des Patrons aufzunehmen bestimmt war, hatten sie den Zweck, kleineren Reliquiarien eine geeignete Stätte zu bieten. Von diesen Reliquien-Behältern ist keines erhalten, wenn nicht etwa ein paar silberne Brustbilder des h. Stephanus und des h. Meinolphus dazu gerechnet werden müssen.

Das Aeußere dieser beiden Stockwerke ist eben so reich als zierlich durchgebildet. Auf dem Decksims der unteren Etage stehen leichte Säulchen, die von ihrer gothischen Basis schlank bis zu der Höhe des dritten Stockwerks empor- und in feinen gothischen Capitälen auslaufen. Dieser Halbsäulchen sind an den Seitenwandungen je drei, die jede Seitenfläche in zwei Abtheilungen scheiden; ein horizontales Steinband, das von Säule zu Säule fortgeht, markirt auch nach außen die Scheide zwischen der mittleren und oberen Etage. Die Rückwand zeigt eine ganz ähnliche Anlage, nur sind dort der Säulchen sechs. Die Compartimente der Mittel-Etage-Wand sind mit zierlichem Maaßwerk von dreitheiligen Blendfenstern ausgefüllt.

Das Ganze krönt ringsum ein reicher Kranz von Wimpergen, [1] die mit Fialen [2] abwechseln. Die Wimperge, welche die Eselsrücken-Form [3] haben, sind mit Krabben versehen und gipfeln in einer à jour durchbrochenen Kreuzblume. Die Gie-

---

1) Spitzgiebeln. — 2) Kleine Thürmchen.
3) Eselsrücken ist ein nahe an der Spitze eingedrückter Spitzbogen.

bel sind mit Maaßwerken von Fischblasen üppig belebt; ihre
Zahl beträgt vierzehn. Die Fiälchen, deren ebenfalls vierzehn
sind, erheben sich zwischen den Wimpergen in schlankster Form
fast bis zur Giebelhöhe, um in einer äußerst zarten Kreuz=
blume zu enden.

Es erübrigt nun noch, die schlanke Pyramide zu beschrei=
ben, welche auf dem vorhin geschilderten unteren Theile des
Altars steht, um dem Ganzen einen würdigen Abschluß zu ge=
ben. Doch ist dieser Abschluß nach oben nur der entferntere
Zweck dieser Altarpyramide; zunächst will sie den Baldachin
über der Madonnen=Statue bilden. Zu dem Ende steht zwischen
den Mittelgiebeln ein viereckiges Piedestal, das die Madonnen=
Statue trägt. Die Statue ist einfach und anspruchslos be=
handelt; der Faltenwurf natürlich; das Gesicht ist in dem be=
kannten gothischen Oval gehalten; der Ausdruck innig. Die
reiche Krone trägt um den Reif die Inschrift: „Ave Maria
gratia plena“ in gothischer Minuskelschrift. Dem mit einer
Tunica bekleideten Christkinde, auf dessen Gesicht der Ernst des
Welttheilandes schon die Naivetät des Kindes zu verdrängen
beginnt, reicht die Mutter spielend einen Vogel hin. Aus dem
Piedestal wachsen nun an jeder Seite drei Säulen empor (die
Ecksäulen doppelt gerechnet); nur an der Vorderseite ist die
Mittelsäule weggelassen. Die Säulen tragen einen Deckstein,
der nach unten zu einem Sterngewölbe ausgemeißelt ist. Die
Statue steht somit in einer nach drei Seiten durchbrochenen,
vorn aber ganz offenen Nische.

Auf den Deckstein der Nische setzt sich ein vierseitiger fester
Kern der Pyramide auf, der oben in seinem äußersten Aus=
laufe als Pyramiden = Spitz à jour durchbrochen ist. Dieser
feste Kern ist aber in den unteren beiden Dritteln von reichem
Giebel=, Fialen= und Strebewerk umgeben. Einmal erheben
sich hohe Fialen über den vier Ecksäulen der Nische. Vor
jeder Seite des Nischengewölbes springen über dem Grundrisse
eines gleichschenkeligen rechtwinkeligen Dreiecks zwei Giebelchen
aus Eselsrücken hervor. Die beiden Giebelchen stoßen gegen

eine Fiale, die sich auf einer Console erhebt, welche den Capi=
tälen der vier Ecksäulen der Nische entspricht. Getragen wird
die Console von einem Bogen, der aus dem Kern der Pyra=
mide hervortritt. Die vier also vorgelegten Dreiecke bilden
im Grundrisse ein größeres Quadrat, das um das kleinere der
Nischen also beschrieben ist, daß die Seiten des ersteren die
Ecken des letzteren schneiden. Auf diese Weise entsteht eine
reiche Krone von acht Eselsrücken, die in einer Kreuzblume
gipfeln und deren Spannung mit durchbrochenem Maaßwerke
ausgefüllt ist. Die Eselsrücken werden überragt von den schlank
aufschießenden Zwischenfialen, ebenfalls acht an der Zahl, die
unterhalb der Spitze mittels Strebebogen unter einander und
mit dem Kern verbunden sind. In reich durchbrochener Arbeit
steigt die sich verjüngende Pyramide höher auf, abermals von
acht Fialen umstellt, bis sie endlich in der Kreuzblume den
Abschluß erreicht. Ueber der Kreuzblume sitzt, wie bei so vie=
len Sakramentshäuschen, der Pelican, der seine Jungen mit
dem eigenen Herzblute ernährt, das sinnige Symbol der heil.
Eucharistie.

Die ganze Arbeit ist elegant und sorgfältig in Stein aus=
geführt; nur die feineren Ornamente sind aus einer weißlichen
Tonmasse geformt, die sich jedoch durch eine große Härte aus=
zeichnet. Ueber die Zeit der Errichtung dieses Altars sind uns
keine bestimmte Nachrichten bekannt; [1] für die ungefähre Da=
tirung des Kunstwerkes ist man ausschließlich auf die archi=
tektonischen Formen angewiesen. Das Maaßwerk der Giebel
und Blendfenster, welches die spätgothischen Formen der soge=
nannten Fischblase und Flammen zeigt; eben so der oft vor=
kommende Eselsrücken nöthigen, den Bau an das Ende der

---

1) Kunstkenner machen wir auf eine Urkunde des Bischofs Balduin
von Paderborn vom J. 1345 aufmerksam, welche Schaten zu
diesem Jahre mittheilt. Nach Angabe derselben ließ das Domcapi=
tel zur Aufbewahrung des allerheiligsten Sacraments ein altare no-
vum in choro ecclesiae (cathedra'l.) versus meridiem erbauen und
cooperimento, sculpturis subtilibus verzieren. Später ließ der
Domcapitular Simon von Rietberg anfertigen eine capsellam me-

gothischen Periode, also in das 15. Jahrhundert, zu versetzen. Nach den Charakteren der Inschrift um die Krone der Madonna, die sich sehr sauber in der Form der gothischen Minuskeln der Incunabeln präsentiren, glauben wir die letzte Hälfte des 15. Jahrhunderts als die Zeit der Errichtung annehmen zu müssen.

Die künstlerische Vollendung unseres Altars muß nach der Entstehungs-Zeit beurtheilt werden. Er stammt nicht aus der Blütheperiode der Gothik. Die Formen tragen alle Mängel der Zeit an sich, in der die germanische Architektur schon ein gut Theil von ihrer Höhe herabgesunken war. Aber unter den Schöpfungen dieser Zeit nimmt unser Altar einen vorzüglichen Platz ein. Er ist mit einer solchen Eleganz und Sauberkeit ausgeführt, mit einer solchen Unverdrossenheit und Beharrlichkeit bis ins Einzelnste durchgearbeitet, daß er seinen besten Zeitgenossen an die Seite gesetzt zu werden verdient. Doch diese Vorzüge des Details dürfen unser Auge für die Fehler der ganzen Anlage nicht schließen. Die Anlage des großen Receptaculums für den Reliquienschrein ist unconstructiv. Die flache Decke mußte durch starke Eisenstangen, die horizontal durchgelegt sind, ihren Halt gewinnen. So vollendet der Unterbau und die Pyramide, jedes für sich betrachtet, sind, in ihrer Zusammensetzung fehlt die Vermittlung, der Uebergang. Die Pyramide wächst nicht aus dem Unterbau hervor, sondern ist demselben nur lose aufgesetzt.

Gleichwohl ist und bleibt der alte gothische Altar ein bedeutendes Kunstwerk, eine unschätzbare Reliquie vergangener Zeiten. Um so beklagenswerther ist die Verachtung und Vernachlässigung, mit der ein schwaches und krankhaftes Epigonen-Geschlecht ihn gestraft hat und — sagen wir es gerade heraus —

---

tallinam fenestris et exedris transparentibus et perspicuis subtili opere fabricatam, in qua hostia salutaris in pyxide consecrata servaretur. Wie mir scheint, paßt dieses ziemlich genau auf den in Rede stehenden Altar. — G.

troz mancher und gewichtiger Aufforderungen noch straft. Die
Giebel zerfallen, die Kreuzblumen zerbröckeln, die Fialen sind zum
Theil geknickt. So geht das Zeugniß der Frömmigkeit unserer
Vorfahren dem Untergange, die Schöpfung ihres Kunstsinnes
dem Verderben entgegen. Möchten diejenigen, welche sich so
gern als Hort und Wacht der alten Traditionen der Stadt
Meinwert's ansehen lassen, endlich einsehen, wo sie solche
Traditionen zu schützen und zu wahren haben."

## §. 8

Weniger kunstvoll ausgeführt, als der alte Altar, ist das
Grabmal, das dem Bischofe Rotho im Jahre 1399 von dem
Dompropste Heinrich von Büren auf dem Chore errichtet wurde
Auf einem 2 Fuß hohen Unterbaue steht eine geschmackvoll ge=
arbeitete Tumba, deren vordere Seite in den von Eselsrücken=
bogen geschlossenen Nischen reliefartige, gut gearbeitete Brust=
bilder Karls des Gr., des Bischofs Meinwerk, des h. Kilian, der
h. Maria, des h. Liborius und des h. Papstes Leo III. ent=
hält. Oben auf der Tumba ruhet die lebensgroße Figur des
Bischofs Rotho, mit gefalteten Händen, in einfachem Gewande,
mit großem, würdigem Faltenwurf, die Gesichtszüge in lebens=
vollem Ausdrucke. Das ganze Werk ist eins der bessern jener
Zeit.[1]) Ungefähr derselben Zeit scheinen zwei Statuen anzu=
gehören, welche in Nischen der beiden, dem Hochaltare zunächst
stehenden Wandpfeiler stehen. Ueber der Sacristei=Thür be=
findet sich das eine: die h. Anna in sitzender Stellung, auf
ihrem Schooße die h. Maria, die dann wiederum auf ihrem
Schooße das Jesu=Kindlein trägt.[2]) Dasselbe Bild, in Silber
ausgeführt, findet sich im Domschatze. Die andere Statue,
die h. Jungfrau darstellend, steht der erstern gegenüber.

---

1) Vergl. Lübke, mittelalterl. Kunst. S. 379.
2) Ein solches Bild heißt italienisch Metterzia, altdeutsch Selb=
dritt und findet sich oft.

Ein weit kleineres, aber bedeutend älteres Sculpturwerk befindet sich in dem gedachten Wandpfeiler unter dem zuletzt erwähnten Bilde. Es stellt die Anbetung der drei Weisen aus dem Morgenlande dar und ist in weißem Marmor in halb erhabener Arbeit ausgeführt, aber kein Werk eines einheimischen Künstlers; der Bischof Meinwerk soll es im Jahre 1014 aus Italien mitgebracht haben. [1])

Das sind die einzigen aus Stein gearbeiteten Werke des Domes, welche Kunstwerth haben; denn es dürfte wohl keinem Vernünftigen mehr einfallen, die langen hagern Gestalten an den Pfeilern, welche Apostel vorstellen sollen, oder die Knochengerippe auf dem himmelstürmenden Denkmale Theodors v. Fürstenberg auf dem hohen Chore für Kunstwerke zu halten.

Die Anzahl der aus Holz mit Kunst geschnitzten Werke ist nicht bedeutender. Es kommen hier nur in Betracht ein aus dem 12. Jahrhunderte stammendes ganz kleines Madonnenbild, das Jahrhunderte lang in der Krypta gelegen hat und halb vermodert ist, und ein sogenanntes Vesperbild, d. i. ein doppeltes Madonnenbild von 6—7 Fuß Höhe, das ebenfalls lange in der Krypta geruhet hat. Beiden ist unlängst ein besserer Platz angewiesen. [2]) Außerdem sind noch beachtenswerth zwei kunstvoll geschnitzte Betstühle, welche zu beiden Seiten des südlichen Einganges zur Krypta stehen, und nach Zeichnungen des berühmten, in Paderborn geborenen Malers und Kupferstechers Heinrich Aldegrever, eines Schülers von Albrecht Dürer, ausgeführt sind, der um das Jahr 1530 in Soest starb. [3]) Daß sie nicht mit Farbe überschmiert sind, verdanken sie dem Umstande, daß man im Jahre 1836, als alles im Dome überpinselt wurde, diese schön geschnitzten Betstühle, „eines neuen

---

1) Eine Abbildung findet sich in Wigand's Archive für westfällische Geschichte. Bd. 1.

2) Ein Kunstkenner bot für das kleinere 300 Thaler und für das größere 1000 Thlr.

3) Vergl. Dr. Gehrken, Zeitschrift für vaterländ. Gesch. Bd. IV. S. 145 ff.

Anstrichs nicht werth" hielt. Nicht so glücklich ist ein dritter, viel kunstreicher gearbeiteter Betstuhl gewesen. Er hat vor langer Zeit seinen Platz in einer Ecke der Krypta erhalten und ist als altes Gerümpel fast ganz vernichtet. Nur spärliche Trümmer liegen noch da, liefern aber noch immer den Beweis, daß der Meister, der den Stuhl schuf, seine Kunst verstand. Außerdem stehen noch zwei alte, ebenfalls verstümmelte Bücher= pulte in der Krypta, deren mittlerer Theil meisterhaft geschnitzt ist.

Von gemalten Bildern hat sich aus älterer Zeit im Dome nur ein einziges erhalten, nämlich ein sogenanntes Klappen= bild, das früher den obern Theil eines Altars bildete. Es hängt in einer Ecke des südlichen Kreuzarmes. Der mittlere Theil stellt das jüngste Gericht dar. Auf hohem Throne sitzt der Weltenrichter, umgeben von der Schaar der Apostel. Im Vordergrunde erheben sich die Todten aus den Gräbern; die Guten zur Rechten werden durch Engel in den Himmel geführt, die Bösen dagegen zur Linken werden durch komisch fratzen= hafte Teufel in die Hölle getrieben. Die Zeichnung ist im Ganzen steif und ungeschickt, jedoch haben die Gesichter einen milden Ausdruck. Das Bild verdankt sein Entstehen dem Ende des 15. oder dem Anfange des 16. Jahrhunderts.

Dagegen enthält der Dom drei Bilder, wenn man sie so nennen darf, die mit dem Grabstichel in Messing ausgeführt sind. Es sind nämlich drei Platten von den Gräbern Pader= borner Bischöfe, in welche die Darstellung durch mehr oder minder breite und tiefe Linien eingeschnitten ist. Die erste und beste gehört zum Grabe des Bischofs Bernard V., der 1341 starb, und ist in dem ersten Pfeiler befestigt, der rechts vor der Haupttreppe des Chores steht. Die Gestalt des Bischofs hat eine würdige Haltung, die Linienführung ist einfach groß= artig, jedoch von weichem Schwunge. Von hoher Anmuth und trefflichem zartem Ausdrucke ist der Kopf. Die Doppeladler und Greife, sowie die Blumen, welche das Gewand schmücken, sind sauber und scharf gearbeitet. Die Umschrift lautet:

Post dupla centena Christi bis bina trigena
Lustra die Jani ter deni vani

Mundi translatus, de stella floreque[1]) natus
Bernardus quintus foris hic, qui rexit et intus,
Ut Cato prudenter, Machabei more potenter,
Ecclesiam pavit in pace suos quia stravit
Hostes, hic struxit nova diruta cepta reduxit,
Omnia piscinas, silvas, vireta, ferinas,
Omneque quod movit, communiit utile fovit.
Hic lapis ossa tegit anime, que tartara fregit.
Salus ut huic detur, clerus, plebs corde precetur.

Nicht so kunſtvoll gearbeitet iſt die zweite, die im gegen=
überſtehenden Pfeiler befeſtigt und dem Andenken des Biſchofs
Rupert von Berg gewidmet iſt, der im Jahre 1394 ſtarb. Die
Umgebung der Figur des Biſchofs iſt eine reiche architektoniſche,
geſchmückt mit muſizirenden Engeln und andern Figürchen.
Zwei Engel ſetzen dem Biſchofe die Mitra auf. Die Inſchrift
lautet:

Annis mille Christi quadringentis minus sex
De mundo tristi festo Petri Pauli rapuit nex
Rupertum electum huius ecclesie bene rectum
De Monte vectum Bavarorum fonte refectum
Cui tu Messia rogo confer gaudia dya.

Der erſten ähnlicher iſt die dritte Grabplatte, die des
Biſchofs Heinrich von Spiegel († 1380), welche in der Wand
an der ſüdlichen, kleinern Chortreppe angebracht iſt. Dieſe
drei Grabplatten ſind in Weſtfalen einzig in ihrer Art. Zu
beklagen iſt, daß die beiden beſten durch die Habſucht früherer
Zeiten ſchmählich verſtümmelt ſind. Wahrſcheinlich hat ein
Küſter das — nach ſeiner Anſicht — überflüſſige Meſſing her=
ausgeſchnitten.

## §. 9.

Außer den bisher beſprochenen Kunſt=Gegenſtänden finden
ſich noch einige aus edlen Metallen gearbeitete Sachen, welche

---

1) Stern und Roſe im Lippiſchen Wappen.

Kunstwerth haben, in der Schatzkammer des Domes; aber auch ihre Zahl ist verhältnißmäßig sehr gering. Es sind folgende:

1) Ein romanischer aus Silber verfertigter Kelch, welcher vom Bischofe Meinwerk herrühren soll, aber wahrscheinlich dem 12. Jahrhunderte angehört. Der Fuß desselben ist kreisrund und ein senkrechter Durchschnitt der Cuppe bildet einen Halbkreis. Den cylinderförmigen Schaft umgibt ein einer etwas gedrückten Kugel ähnlicher Knauf mit Auskehlungen, welche von oben nach unten hin laufen. Die Höhe des Kelches beträgt nur 7¼ Zoll, der Durchmesser der Cuppe 5¾ und der des Fußes 6 Zoll. [1]

2) Ein silberner Kelch im gothischen Stile ausgeführt aus dem 15. Jahrhunderte. Der Fuß enthält die Inschrift: **alheyt teodonis in me dat ravenonis.**

3) Ein silberner Arm, welchen drei Ringe umgeben, die mit Steinen besetzt sind. Er hat die Inschrift: **Brachium sancti Theodori martyris,** aus deren Charakter sich ergibt, daß der Arm um das Jahr 1100 angefertigt wurde.

4) Zwei silberne Statuen von zwei Fuß Höhe, von welche die eine den h. Kilian, die andere den h. Liborius darstellt. Beide sind in demselben Stile ausgeführt und scheinen dem 14. Jahrhunderte anzugehören. Die Statue des h. Liborius hat auf der Brust einen 3 Zoll langen Bergkrystall, unter welchem sich wahrscheinlich eine Reliquie befindet.

5) Ein silbernes, gegen 3 Fuß hohes sogenanntes Selbdritt, von dem oben[2] bereits die Rede gewesen ist, und das ebenfalls dem 14. Jahrhunderte zugeschrieben werden dürfte.

6) Ein spätgothisches, silbernes Rauchfaß, dessen Deckel aus zwei in einander geschobenen Sattel-Dächern — ähnlich

---

1) Der Kelch ist abgebildet in meinem Schriftchen: „Der Altarkelch", Paderborn, 1856. — 2) Siehe oben S. 39.

dem obern Theile des Busdorfs-Thurmes — besteht, und wel=
ches einer Restauration eben so bedürftig als werth ist.

7) Ein Ostensorium, im gothischen Stile aus Silber ge=
arbeitet und vergoldet, das 15 Zoll hoch ist und dessen oberer
Theil aus einem dreiseitigen Thurmhelme mit Strebepfeilern
und Thürmchen besteht, der einen mit Reliquien gefüllten Glas=
Cylinder einschließt und deckt.

Das sind die wenigen sehenswerthen Kunstgegenstände,
welche der Dom nebst seiner Schatzkammer enthält. Das Uebrige
welches der Ungeschmack früherer Jahrhunderte nicht verschleu=
dert oder vernichtet hat, ist entweder durch den „tollen Chri=
stian“ im Jahre 1622 weggenommen und nach Lippstadt in die
Münze gewandert,[1]) oder im Jahre 1806 nach Magdeburg
„in Sicherheit“ gebracht, wo es den Franzosen in die Hände
fiel. Und so würde unser Dom arm an eigentlichen Kunst=
schätzen zu nennen sein, würde kaum einem Kunstkenner irgend
etwas zeigen können, was sich nicht auch in vielen anderen, ja
kleineren Kirchen findet, wenn ihm nicht merkwürdiger Weise
ein Kleinod erhalten wäre, das ebenso werthvoll ist, als es kunst=
voll gearbeitet ist, und das jedem Kunstgegenstande jeder Ca=
thedrale Deutschlands kühn an die Seite gestellt werden darf.
Dieses unschätzbare Kleinod ist ein kleiner, mit Silberplatten
belegter Reliquien=Schrein, der in Westfalen einzig in seiner
Art ist und deshalb einer näheren Beschreibung wohl werth
sein dürfte.

## §. 10.

Unser Reliquien=Schrein hat die Form eines gewöhnlichen
vierkantigen Kistchens, das von sechs länglichen Rechtecken ein=
geschlossen ist. Er ist 12 Zoll lang, 8 Zoll breit und abge=
sehen von den vier Füßen, auf denen er ruht, 5 Zoll hoch.

---

1) Nämlich der 800 Pfund schwere, aus gediegenem Silber ge=
schlagene, mit Perlen und Edelsteinen reich geschmückte Libori=Kasten
nebst vielen andern kirchlichen Gefäßen und Geräthschaften, so wie
8000 Goldstücke, von denen jedes einen Werth von 6 Thalern hatte

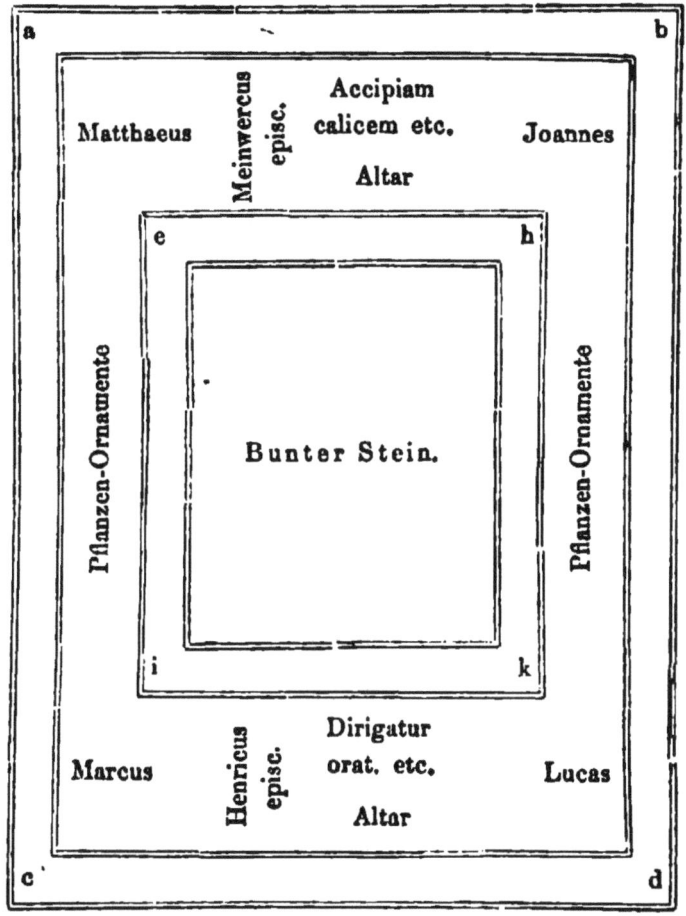

Die obere, 9 Zoll breite und 13 Zoll lange (vorstehend in Linien entworfene) Deckelfläche, welche nach allen vier Seiten hin, ein nach unten abgeschrägtes Gesimse bildend, um ½ Zoll vorspringt und am äußersten Rande durch einen mit mehreren Steinen und Knöpfchen besetzten vergoldeten, ½ Zoll breiten Silberstreifen a b c d verziert ist, enthält in der Mitte eine 5⅜ Zoll lange und 4 Zoll breite Tafel, welche aus grünen, weißen und schwarzen Steinen besteht, die zusammen geschmolzen sind. Die Steintafel ist mit einem, ½ Zoll breiten, aus sogenannter Filigran-Arbeit bestehenden, goldenen Rande (e h k i) umschlossen. Der Raum zwischen diesem und dem äußern Rande besteht aus sogenannter Niello-Arbeit, d. i.

aus Figuren, welche in Silber eingravirt sind, wobei die Vertiefungen und Linien mit schwarzem, glänzendem Metallkitt ausgefüllt sind, damit die Figuren deutlicher hervortreten. In den vier Ecken dieser Silber-Platte sind die Symbole der vier Evangelisten eingravirt, von denen jedes von einem ebenfalls gravirten Kreise umgeben ist. Zwischen den Symbolen der Evangelisten Matthäus und Johannes zeigt sich ein Altar von der ältesten Form, nämlich ein auf einer Erhöhung stehender, mit einem Tuche bedeckter Tisch, auf welchem nichts, als ein Crucifix steht. Vor dem Altare, über welchem die Worte eingravirt sind: CALICEM SALUTARIS ACCIPIAM ET NOMEN DOMINI INVOCABO, [1] steht ein Bischof in langem, faltenreichem Meßgewande, einen Kelch emporhebend. Die Figur soll den Bischof Meinwerk, den zweiten Gründer unseres Bisthums, darstellen, wie die hinter derselben stehende Inschrift: Meinwercus episc. zeigt.

Zwischen den Symbolen der Evangelisten Markus und Lucas erscheint wieder ein Altar, der dem obern ganz ähnlich ist, aber auf demselben steht die Abbildung eben dieses Reliquienkästchens, das wir hier beschreiben, und auf diesem wiederum ein Kelch, über welchem die h. Hostie schwebt. Vor dem Altare, über welchem mit Uncialbuchstaben die Worte eingravirt sind: DIRIGATUR ORATIO MEA SICUT INCENSUM IN CONSPECTU TUO, [2] erscheint wieder ein Bischof, der ein Rauchfaß schwingt, und hinter demselben die Inschrift: HEINRICUS EPS (episcopus). Ueber jedem der beiden Altäre reicht aus einem Cirkel eine segnende Hand. [3]

---

1) Ich will hinnehmen den Kelch des Heils und anrufen den Namen des Herrn.

2) Es steige mein Gebet empor, wie ein Rauchopfer vor deinem Angesichte!

3) W. Menzel, Symbolik II. Seite 265. „Auf alten Miniaturen wird Gott gewöhnlich durch eine Hand bezeichnet, die aus einem oben am Himmel befindlichen dreifachen Cirkel heruntergreift. Damit scheint ebenso wohl die h. Dreieinigkeit, als der dreifache Himmel bezeichnet zu sein."

Auf den beiden l ä n g e r n vergoldeten S e i t e n f l ä ch e n sind die Bilder von zehn Aposteln in sitzender Stellung eingravirt, jedes in einer Nische, welche mit einem romanischen Bogen überspannt ist. Auf der einen längern Seitenfläche sitzt in der Mitte Petrus, ihm zur Rechten Andreas und Tabbäus, zu seiner Linken Thomas und Simon, auf der andern sitzt Paulus in der Mitte, zu seiner Rechten Philippus und Jacobus, links Bartholomäus und Matthäus. Die meisten Aposteln sind als Lehrer der Völker dargestellt, in der Linken ein Buch haltend, die Rechte erhebend. Petrus hält in der erhobenen Rechten die Schlüssel des Himmelreichs. Allen übrigen fehlen die gewöhnlichen Attribute und die einzelnen Figuren würden deshalb nicht zu deuten sein, wenn nicht über jeder auf dem vorspringenden Rande des Deckels der betreffende Name in Niello angebracht wäre.

Auf der einen der beiden k ü r z e r n Seitenflächen sind drei oben rundbogig geschlossene Nischen und in jeder derselben eine Figur, ebenfalls in sitzender Stellung, von denen die mittlere die Mutter des Herrn darstellt, die zu ihrer Rechten den Apostel Johannes, die zur Linken den hl. Jacobus; denn über den beiden Aposteln stehen auf dem vorspringenden Rande des Deckels ihre Namen, über der h. Maria stehen die griechischen Worte: O 'ΑΓΓΑ ΘΗΩΘΩΚΩΣ.[1]) Die drei Figuren sowie die Nischen bestehen aus dickem aufgelegtem Silber und sind in Niello ausgeführt. Die h. Maria hält vor der Brust ein offenes Buch, in welchem die Worte zu lesen sind: MAGNIFICAT ANIMA MEA DOMINUM. Beide Apostel-Figuren dagegen halten ein Spruchband; auf dem, welches Johannes hält, stehen die Worte: SANCTA MARIA VIRGO, auf dem des h. Jacobus: INTERCEDE PRO TOTO MUNDO.[2])

Auf der andern kürzern Seitenfläche zeigen sich ebenfalls drei, aber mehr als halb aus der Grundfläche hervortretende vergoldete Figuren. Die mittlere stellt den Welt-Erlöser dar

---

1) O heilige Gottes-Gebährerin!

2) O heilige Jungfrau Maria, bitte für die ganze Welt!

die zu seiner Rechten den h. Kilian, den ältesten Patron unse=
res Bisthums, die zu seiner Linken den h. Liborius, den andern
Patron desselben. Der Erlöser sitzt auf dem Regenbogen;[1])
in der Linken hält er ein geöffnetes Buch, in welchem die Worte
stehen: EGO SUM, QUI SUM,[2]) während er die Rechte segnend
emporhebt. Er ist von einem aus der Grundfläche hervortre=
tenden Kreise, dem Symbole der Ewigkeit, umgeben, in welchem
12 Perlen mit 11 Edelsteinen[3]) abwechseln. Auch das
Kreuz in seinem Nimbus (Heiligenscheine) wird durch drei Edel=
steine gebildet, sowie die beiden kürzern Enden dieser Seitenfläche
durch je drei Steine geschmückt sind. An jeder der vier Kan=
ten des Kastens erhebt sich ein goldenes Säulchen, das aus
vielen kleinen Ringen besteht.

Auf einer kupfernen Platte unter dem Kasten zwischen
den vier wie Klauen gestalteten und oben emaillirten, 1¼ Zoll
hohen Füßen zeigt sich die 7½ Zoll hohe, gravirte Figur eines
Bischofs unter einem Architectur=Baldachine, der aus drei Kup=
peln besteht, welche sich über einem Dache erheben. Ueber sei=
nem Haupte steht ein S, d. i. Sanctus, und in seinem Gewande
die Buchstaben .... RIUS EPS. Die vorhergehenden Buchstaben
(ohne Zweifel LIBO) sind durch häufiges Tragen des Schreines
verwischt. Vor dem nach allen Seiten hin vorspringenden,
und so einen nach oben hin abgeschrägten Sockel bildenden
Rande der Bodenfläche stehen die Worte:

_____

1) „Und der da saß, war wie der Stein Jaspis und Sardis an=
zusehen, und ein Regenbogen war ringsum den Thron, wie Sma=
ragd anzusehen." Offenb. Joh. IV. 3.

2) Ich bin, der ich bin. II. Moyses.

3) Auffallend erscheint die Zahl 23, welche sicher nicht ohne
symbolische Bedeutung ist. Zwölf Edelsteine oder Perlen bedeuten
die Heerschaaren des himmlischen Jerusalems oder die 12 Apostel.
Nimmt man hier die 12 Perlen als Symbol der 12 Apostel, so
bedeuten die 11 Edelsteine die 11 übrigen Heerschaaren des Him=
mels, da der Chor der Apostel schon durch die 12 Perlen bezeich=
net ist. Vrgl. Menzel, a. O. I. S. 222 f.

HENRICUS PRESUL NE VITE PERPETIS EXUL
FIAT DENT QUIA SANCTUS LIBORIUS ET KILIANUS
GAUDET HONORE PARI QUIBUS EX VOTO FAMULARI
OFFERT MENTE PIA DECUS HOC TIBI SANCTA MARIA.

Soviel über die Form und Ausführung des merkwürdigen
Kästchens. Aber wann ist es entstanden? wer hat es anfertigen lassen und zu welchem Zwecke? Glücklicherweise hat sich
eine Urkunde erhalten, welche in Verbindung mit den ange-
führten Inschriften alle diese Fragen genau und sicher beant-
wortet. In der gedachten Urkunde bekundet nämlich der Bischof
Heinrich von Paderborn im Jahre 1100, daß er dem Closter
Helmarshausen an der Weser den Zehnten des Dorfes Mulhen
gegeben habe und zwar für ein goldenes Kreuz, das ihm vom
Abte Thetmar zur Zierde der Domkirche in Paderborn geschenkt sei, und für einen Schrein von kunstvoller Arbeit, welchen der dortige Bruder Rogkerus auf seine (des
Bischofs) Kosten zur Ehre des h. Kilianus und Liborius angefertigt habe. ¹)

Daß in dieser Urkunde wirklich unser Schrein gemeint
sei, unterliegt nicht dem geringsten Zweifel; denn er ist zunächst
in der That ein „opus satis expolitum.“ In der Arbeit herrscht
nämlich die größte Mannigfaltigkeit; denn fast jede Seitenfläche ist in anderer Weise ausgeführt, als die übrigen; sogar
jeder der vier Füße ist auf besondere Weise verziert. Alle Figuren, sowohl die gravirten, als auch die reliefartig gearbeiteten sind mit großer Sorgfalt ausgeführt und zeigen Kraft
und Ausbruck.

Dann stehen jene beiden Heiligen, zu deren Ehre der Bruder Rogkerus seinen Schrein anfertigte, an unserm Kästchen

---

1) Urkunde bei Schaten a. O. z. J. 1100: „... Decimatio-
nem quoque in villa Mulhen .. contulisse... Restituimus autem per
hanc traditionem ecclesiae in Helmwardeshuson crucem auream ..
neo non et scrinium, quod nostro sumptu frater eiusdem ecclesiae Rogkerus satis expolito opere in honorem sancti Kyliani
atque Liborii fabricaverat.“

zu beiden Seiten des Erlösers; unter dem Schreine befindet sich das in großem Maßstabe ausgeführte Bild des h. Libo= rius, von dessen Gebeinen ohne Zweifel ein Theil in dem Schreine enthalten ist.[1]) Dazu kommt endlich, daß nicht allein in der Umschrift des untern Randes der Henricus presul als derjenige bezeichnet ist, der den Schrein geschenkt habe, sondern auch ein Henricus episcopus auf der obern Deckplatte mit einem Rauchfasse, zum Zeichen, daß er Gott ein Opfer dar= bringe, vor einem Altare steht, auf welchem das Bild unsers Schreins sich zeigt.

Dieser letztere Umstand deutet zugleich den Zweck näher an, zu welchem dieses kunstvolle Werk geschaffen wurde; es ist nämlich ein sogenannter tragbarer Altar (Altare portatile), vor dem an jedem Orte, wo keine Kirche bestand, das h. Meß= opfer dargebracht werden konnte; denn nach der Darstellung auf der Deckplatte steht unser Schrein auf dem Altare und auf dem Schreine wiederum der Kelch mit der h. Hostie. Des= halb enthält auch der Deckel des Schreins in der Mitte einen Stein, weil die Mitte eines jeden Altartisches einen consecrir= ten Stein enthalten muß, unter welchen Reliquien ruhen.

Somit wissen wir denn, daß dieses mit eben so großer Kunstfertigkeit, als tiefem Kunstsinne ausgeführte, unschätz= bare Werk gegen Ende des 11. Jahrhunderts geschaffen ist, in einer Zeit, die gewöhnlich als „finster und barbarisch" ge= schildert wird; daß es angefertigt ist auf Kosten des Pader= borner Bischofs Heinrich von Werl und ursprünglich als trag= barer Altar gedient hat, und daß es aus der Hand eines ein= fachen Closter=Bruders, Namens Rogkerus, zu Helmarshausen hervorgegangen ist. Manches hat der „tolle Christian" hin= weggeschleppt, Vieles ist nach Magdeburg gebracht[1]) und eine Beute der Franzosen geworden; aber ein kostbares Kleinod

---

1) Den Inhalt habe ich vor dem Drucke dieses Schriftchens nicht zu Gesichte bekommen können.

ift uns geblieben. Möge ihm stets die Sorgfalt und Achtung zu Theil werden, welche diesem altehrwürdigen, geweiheten Denkmale christlicher Kunst und Frömmigkeit gebührt!

Außer den bis jetzt beschriebenen Kunstgegenständen besitzt der Dom noch manche andere Gefäße und Geräthschaften, die aus edlem Metalle gearbeitet und von denen einige sogar mit Edelsteinen geschmückt sind; aber sie sind sämmtlich (abgesehen von einem neuen, von Paderborner Damen gestickten Altar-Teppich) in der Zopfperiode entstanden und ihr Kunstwerth ist deshalb ein ziemlich unbedeutender, weshalb wir auf dieselben nicht näher eingehen können.[2] Uns bleibt hier nur noch eins übrig, nämlich die dringende Bitte an alle Bewohner der Stadt und Diöcese Paderborn zu richten, nach Kräften beizusteuern zur würdigen Wiederherstellung der gemeinsamen Mutterkirche, zur würdigen Erneuerung des altehrwürdigen Gebäudes, zu welchem Kaiser Karl der Große den Grund legte in jener segensvollen Zeit, in welcher der erste Lichtstrahl des Christenthums in diese Gegend fiel.

---

1) Nämlich verschiedene Geräthschaften, welche zusammen 690 Pfund wogen und einen Silberwerth von ungefähr 15,000 Thalern hatten. Eine Entschädigung für dieselben ist ungeachtet wiederholter Reclamationen dem Dome nicht zu Theil geworden.

2) Mehreres über dergleichen Sachen sowie über den Dom überhaupt enthält das treffliche Büchlein: Der Dom zu Paderborn von F. J. Brand. Lemgo 1827.

---

# Satuten des Paderborner Dombau-Vereins.

§. 1. Für die Diöse Paderborn bildet sich ein Verein, der den Zweck hat, durch regelmäßige Geldbeiträge und in sonst geeigneter Weise zu der im Einverständnisse mit dem Hochwürdigen Domkapitel vorzunehmenden Restauration der Kathedral-Domkirche zu Paderborn thätig mitzuwirken.

§. 2. Der Verein führt den Namen: „Paderborner Dombau-Verein."

§. 3. Mitglied des Vereins ist jeder, der sich zu einem jährlichen Beitrage von mindestens 15 Sgr. verpflichtet. — Die dauernde Mitgliedschaft kann auch durch ein einmaliges Einzahlen des Betrages von 15 Thlr. erworben werden.

§. 4. Die Namen der Mitglieder werden in ein eigens dazu geführtes Verzeichniß eingetragen.

§. 5. Die Beiträge werden jährlich zu Paderborn und an andern durch die Verwaltung zu bestimmenden Orten entgegengenommen.

§. 6. Die durch den Verein aufkommenden Gelder sollen dem Hochwürdigsten Domkapitel zur Restauration des Domes überwiesen werden. Ohne dem allgemeinen Restaurationsplane vorgreifen zu wollen, hält der Verein seine Wünsche zunächst auf den nördlichen Kreuzflügel gerichtet.

§. 7. Der Vorstand, welcher seinen Sitz in Paderborn hat, besteht aus 12 Mitgliedern, welche in der ersten Generalversammlung durch einfache Stimmenmehrheit mittels Stimmzettel gewählt werden. Jährlich scheiden 3 Mitglieder aus: zuerst durchs Loos, später nach Maßgabe der Anciennität. Die ausgeschiedenen Vorstandsmitglieder können jedoch wieder gewählt werden.

§. 8. Zum Vorstand gehören ferner: ein delegirtes Mitglied des Domkapitels, der Diöcesan-Architekt.

§. 9. Ehrenmitglied des Vorstandes wird auch jeder, der den jährlichen Beitrag von 20 Thlr. bezahlt.

§. 10. Der Hochwürdigste Bischof soll gebeten werden, das Protektorat des Vereines und den Ehrenvorsitz des Vorstandes zu übernehmen.

§. 11. Jährlich, und zwar im Frühlinge, findet zu Paderborn

ftandes durch Wahl mit einfacher Stimmenmehrheit vorgenommen, über die Thätigkeit des Vereins und seine Erfolge Bericht erstattet wird. Vorher soll im Dome ein feierliches Hochamt für die Mitglieder des Vereins gehalten werden.

§. 12. Stimmfähig ist jedes bei der betreffenden Versammlung anwesende Vereinsmitglied; wählbar sind jedoch auch nicht anwesende Vereinsgenossen.

§. 13. Die Rechnungslage und der Bericht über die Verwendung der Mittel des Vereins werden durch das im Schöningh'schen Verlage erscheinende Volksblatt veröffentlicht. In demselben sollen auch von Zeit zu Zeit Mittheilungen über die Wirksamkeit des Vereins erfolgen.

§. 14. Der Vorstand leitet die Angelegenheiten des Vereins und vertritt denselben in jeglicher Beziehung. Die Beschlüsse des Vorstandes werden durch absolute Stimmenmehrheit gefaßt. Der Vorsitzende, Sekretär und Rendant, sowie die Stellvertreter der beiden erstern werden vom Vorstande selbst bestimmt.

§. 15. Der Vorstand ist beschlußfähig, sobald 7 Mitglieder desselben zu einer vom Vorsitzenden berufenen Sitzung erschienen sind.

§. 16. Anträge auf Abänderung der Statuten müssen von mindestens 20 Vereinsmitgliedern unterstützt sein, ehe sie in der General-Versammlung zur Diskussion und Abstimmung gebracht werden können. Zur Abänderung des Statuts sind aber zwei Drittel der abgegebenen Stimmen erforderlich.

Paderborn, den 16. Februar 1860.

J. Kayser, J. Freusberg, Drobe, Heidenreich, A. Tobt, F. Gockel, Jof. Hellweg, J. F. Brand, J. W. Heithecker, A. Güldenpfennig.

Genehmigt Paderborn, den 24. März 1860.

Der Bischof
† Konrad.

In unserem Verlage sind ferner erschienen und durch jede Buchhandlung zu beziehen:

# Soest,

## die Stadt der Engern.

## Ursprung, Blüthe und Niedergang

eines

## altdeutschen Gemeinwesens.

Von

## Dr. F. W. Barthold,

ordentlichem Professor der Geschichte an der Kgl. Universität zu Greifswald.

23 Bogen gr. 8. Geh. 2 Thlr.

---

# Die Kirche

und

# ihre Institute

auf dem

## Gebiete des Vermögens-Rechts.

Ein Handbuch für Geistliche und Juristen.

Von

## Joseph Evelt,

Land- und Stadt-Gerichts-Director.

13 Bogen gr. 8. 27½ Sgr.

---

# Irlands Verhältniß zu England,

## geschichtlich entwickelt,

### und

## O'Connel's Leben und Wirken.

### Von

### Dr. Schipper.

8¼ Bogen 8. Geh. 10 Sgr.

---

### Der

# Soester Daniel,

### oder:

# Das Spottgedicht Gerhard Haverlands.

Nach dem Original-Manuscript des Dichters herausgegeben nnd mit
historischen, erläuternden Anmerkungen versehen von

## L. F. v. Schmitz.

9¼ Bogen 12. Geh. 1 Thlr.

---